*Lo que las personas dice
y Manual de Sanidad para el Hombre Integral*

Vivimos en una época en que Dios está desmitificando el reino espiritual y la cultura celestial está llegando a ser una vida cristiana normal. Joan Hunter es usada por el Señor en este proceso. En este libro, el simple acercamiento de Joan a los santos que no tienen un trasfondo en medicina a sentirse confiados de liberar el poder sanador dentro de ellos. Nosotros servimos a un gran Dios quien, a medida que caminamos en fe, cubre más que cualquier falta de conocimiento médico o de oraciones exactas. ¡Personalmente uso este libro en mi oficina y he visto grandes resultados!
—Frank Marinkovich, M.D.

Mi prometida fue sanada de lupus y de problemas en su espalda. Al volver, ella también fue instantáneamente sanada de sinusitis. Yo fui sanado de severos problemas en mi espalda causados por una vértebra extra con la cual nací, una vértebra destruida por un accidente automovilístico, una escoliosis, y, artritis en mi cuello y hombros, lo cual me tenía un poco jorobado. Cuando Joan impuso manos sobre mí, mis hombros, cuellos y espalda se enderezaron, y, ahora tengo una nueva y perfecta espina dorsal.
—Joan y Bonnie-Leah Hofer
Rochester Hills (Detroit), MI

Este libro es el mejor manual que haya leído, ideal para alguien que es creyente y quiera ayudar a aquellos que le rodean. Éste proporciona una guía práctica y real sobre cómo podemos ser usados para sanar a otros, ¡al igual que Jesús le enseñó a los discípulos de Sus días! ¡Qué gran bendición para todos nosotros los que somos simple obreros…Gracias Joan por darnos un "verdadero manual" para usarlo diariamente!
—Sherron Lane
Directora de Ventas en el área de Tennessee
SunCom Wireless

Como médico envuelto en enfocarme en las raíces que causan las enfermedades, elogio a Joan Hunter por escribir un libro que provee el fundamento necesario para orar por el cuerpo, el alma y el espíritu. Más importante que las sugerencias prácticas es el énfasis en Dios como la fuente de toda sanidad. Insto a todos los interesados en la sanidad a añadir este libro a su biblioteca personal. —David MacDonald, D.O.

Altamente recomiendo el libro de Joan, *Manual de Sanidad para el Hombre Integral*. Encuentro que este es uno de los mejores libros, sino el mejor, en el mercado pues ayuda a cualquier que desee desarrollarse en el área completa de sanar a los enfermos.

Muchas personas que han asistidos a mis seminarios de sanidad han usado el libro de Joan y han visto a otros ser sanados y libertados. —Rvdo. Mike Harris
Evangelista de Elim, Halesowen en Inglaterra

Nos sentimos honrados de endosar este libro que está siendo usado para ministrar al cuerpo de Cristo en esta hora. A medida que hemos viajado por los países latinoamericanos, hemos visto y oído la eficacia de estas enseñanzas sobre *Sanidad para el Hombre Integral*. ¡Este manual cambiará su forma de orar y su vida ministerial! —Joe Ortega y Rosa Ortega
Directores Internacionales para el *Full Gospel Business* en Español
Confraternidad Internacional de Varones (FIHNEC)

Este libro llega atrasado pero oportunamente como un manual práctico sobre la sanidad del hombre integral—espíritu, alma y cuerpo. Joan ha participado en ambos lados de este conocimiento, como sierva del Señor permitiendo que Él la sane, y, como recibidora de Su poder sanador. A medida que ha cooperado con el Sanador para sanarla, ella ha aprendido como impartir esa sanidad a los demás.

Este es un libro con temas de la A hasta la Z sobre la sanidad y las la raíces que causan muchas enfermedades. Mientras usted lee, le insto a abrir su corazón al Sanador y permitirle a Él que lo liberte, de una vez por todas. —Dra. Debbie Rich
Presidente de *Rich Revival Ministries*

Joan Hunter

Oraciones Eficaces para el Cuerpo, el Alma y el Espíritu

Manual de
Sanidad
para el Hombre
Integral

WHITAKER
HOUSE

A menos que se indique lo contrario, todas las citas bíblicas han sido tomadas de la *Santa Biblia, Versión Reina Valera* © 1960 por la Sociedad Bíblica Internacional. Aquellas citas bíblicas señaladas (NVI) son tomadas de la *Santa Biblia, Nueva Versión Internacional* © 1999 por la Sociedad Bíblica Internacional. Usadas con permiso de Zondervan.

Las referencias e información médicas provienen de muchas fuentes diferentes. Más descripciones detalladas acerca de los procesos de las enfermedades pueden ser halladas visitando sitios electrónicos, tales como: Instituto Nacional de la Salud/Departamento de Salud y Servicios Humanos de EE. UU.: www.nih.gov; Biblioteca Nacional de Medicina de los EE. UU. US: www.medlineplus.gov, la cual ofrece información sobre la salud en lenguaje sencillo y fácil de leer por las personas con dificultades de la visión; Clínica Mayo: www.mayoclinic.com; Enciclopedia Médica Ilustrada A.D.A.M.: http://www.nlm.nih.gov/medlineplus/encyclopedia.html; www.healthline.com; www.health.msn.com

MANUAL DE SANIDAD PARA EL HOMBRE INTEGRAL:
Oraciones eficaces para el cuerpo, el alma y el espíritu
Publicado originalmente en inglés bajo el título *Healing the Whole Man Handbook: Effective Prayers for the Body, Soul, and Spirit*
Edición revisada

Joan Hunter Ministries
526 Kingwood Dr. Suite 333
Kingwood, TX 77339

ISBN-13: 978-0-88368-984-4
ISBN-10: 0-88368-984-7
Impreso en los Estados Unidos de América
©2006 por Joan Hunter

Whitaker House
1030 Hunt Valley Circle
New Kensington, PA 15068
www.whitakerhouse.com

Library of Congress Cataloging-in-Publication Data
Hunter, Joan, 1953–
[Healing the whole man handbook. Spanish]
Manual de sanidad para el hombre integral : oraciones eficaces para el cuerpo, el alma y el espíritu / Joan Hunter.
p. cm.
Summary: "Lists a variety of diseases and medical conditions with instructions on how to pray specifically for each one and also gives general tips for healing ministry"—Provided by publisher.
Includes index.
ISBN-13: 978-0-88368-984-4 (trade pbk. : alk. paper)
ISBN-10: 0-88368-984-7 (trade pbk. : alk. paper) 1. Spiritual healing. I. Title.
BT732.5.H79618 2006
234'.131—dc22   2006031513

2 3 4 5 6 7 8 9 10 11 12 **UJ** 14 13 12 11 10 09 08 07

Este libro está dedicado a todos los creyentes que a través de los años han estado fielmente realizando las obras de Jesús. También está dedicado a los creyentes que van a captar la visión contenida en este libro y a ponerla en práctica.

RECONOCIMIENTOS:

A Naida Johnson, RN, CWS, FCCWS [siglas en inglés para ramas de la medicina, tales como enfermera certificada, especialista certificada en el tratamiento de heridas] por su devoción a este libro y las muchas horas que invirtió editando este libro.

Un agradecimiento especial a:

Spice Lussier, NMD, por su ayuda y consejos en *Manual de Sanidad para el Hombre Integral*.

Quisiera también agradecer a todos aquellos que contribuyeron con este libro, a los cientos de creyentes que han aprendido y aplicado los principios de la enseñanza, como también a aquellos que contribuyeron con la información de sus experiencias en el área de sanidad.

Quiero aclarar que de ninguna manera estoy asociada con la profesión médica o fisiológica. No afirmo poder tratar o diagnosticar enfermedades o padecimientos. No ofrezco la información contenida en este libro como un substituto del consejo o tratamiento médico. Es solamente para conocimiento general. Tampoco me responsabilizo de cualquier enfermedad o padecimiento de algún individuo, así como tampoco de su sanidad. No ofrezco ninguna garantía de que todos serán sanados o de que alguna enfermedad leve o grave será prevenida.

Sin embargo, creo que, de acuerdo con 1ra Tesalonicenses 5:23, somos seres espirituales que tenemos un alma y vivimos en un cuerpo. También creo que la mayoría de los problemas que se manifiestan en el alma y en el cuerpo tienen una raíz espiritual y que Jesús pagó el precio de nuestra sanidad (Isaías 53:5; 1ra Pedro 2:24).

Creo que Dios sana hoy porque Él es el mismo ayer, hoy y siempre.

Tabla de Contenido

Introducción

*E*fesios 1:17 declara:

> *Pido que el Dios de nuestro Señor Jesucristo, el Padre glorioso, les dé el Espíritu de sabiduría y de revelación, para que lo conozcan mejor. Pido también que les sean ilu-minados los ojos del corazón para que sepan a qué esperanza él los ha llamado, cuál es la riqueza de su gloriosa herencia entre los santos, y cuán incomparable es la grandeza de su poder a favor de los que creemos. Ese poder es la fuerza gran-diosa y eficaz.* (NVI)

Es el plan de Dios que nuestros ojos sean abiertos a todo lo que Él tiene para nosotros en el ministerio, así como en cada área de la vida. Es Su plan que también los ojos de nuestro entendi-miento iluminen a aquellos a quienes ministramos. Es esencial que entendamos a lo que Dios nos ha llamado a decir y a hacer cada día.

El libro de Marcos no dice que <u>los que crean impondrán</u> <u>manos sobre los enfermos y</u> "de vez en cuando" sanarán. No, éste declara que... <u>"*sobre los enfermos* **pondrán sus manos**, *y* **sanarán**"</u> (Marcos <u>16:18</u>, el énfasis fue añadido).

La mayoría de cristianos cree que Dios puede sanar, no importa a que denominación pertenezcan o a que iglesia asistan. Entonces, ¿por qué las personas no están siendo sanadas en las iglesias alrededor del mundo? ¿Por qué los cristianos no están imponiendo sus manos sobre los enfermos y viéndolos recuperarse?

Las Escrituras dicen *"estas señales seguirán a los que creen"* (Marcos 16:17). Eso podría ser interpretado como a los que creen que Dios los va a usar, a los que creen que la Palabra de Dios es para ellos personalmente, y, a los que creen que Dios va a moverse por medio de ellos a medida que obedezcan Su Palabra. Aquellos que creen en la Palabra entienden la esperanza del llamado en sus vidas y saben que Dios va a moverse por medio de ellos para alcanzar lo milagroso.

Recuerdo el día en que me di cuenta que Dios podía usarme, no porque fuera la hija de Charles y Frances Hunter, ni tampoco porque había asistido a la *ORU (Oral Roberts University)* [Universidad Oral Roberts], o por alguna habilidad que yo tuviera. Yo supe que Él me podía usar porque creí que Su Palabra era verdadera y en ese momento las posibilidades para mi vida se volvieron ilimitadas a través de mi fe en Dios.

Si Dios puede usarme a mí, Él puede usarlo a usted también. Si Dios puede sanarme a mí desde la coronilla de mi cabeza hasta la planta de mis pies, Él puede sanarle a usted. Si Él puede restaurar mi corazón destrozado y sanar mi espíritu herido, de la misma manera Él puede sanar el suyo. Dios puede hacer por medio suyo lo que ha hecho a través de mí y aún más. No le ponga límites, por sus circunstancias actuales, a lo que Dios puede hacer por usted o a través de usted. En vez de ello, crea que tiene un Dios sin límites, que Su Palabra es verdadera y que tiene un plan para cambiar vidas.

CAPÍTULO 1

¿Por qué estoy enfermo?

Por qué estoy enfermo? Esta pregunta se la hacen todos, incluyendo profesionales, amas de casa y hasta pastores. Sólo hay una respuesta: ¡Pecado! Piense por un momento, ¿había enfermedad en el Jardín de Edén? El pecado causa la enfermedad. Sin embargo, no tiene que ser su pecado personal. Hebreos 11:4 nos dice que Abel era un hombre justo, pero sabemos que murió a causa del pecado de su hermano. De acuerdo con la Palabra de Dios, los pecados de los padres pasan hasta la tercera y cuarta generación (Éxodo 34:7).

Cuando Jesús le habló al hombre paralítico que fue sanado, Él confirmó que el pecado causa la enfermedad. Después de eso Jesús lo halló en el templo y le dijo: *"Mira, ya has quedado sano. No vuelvas a pecar, no sea que te ocurra algo peor"* (Juan 5:14, NVI). Pablo confirma esto también cuando les habló a los cristianos sobre como tomaban la Santa Cena. *"Por lo cual hay muchos enfermos y debilitados entre vosotros, y muchos duermen"* (1ra Corintios 11:30).

Hay algunos que creen que el pecado no es el culpable y citan a Juan: *"A su paso Jesús vio a un hombre que era ciego de nacimiento.*

Y sus discípulos le preguntaron: —Rabí, para que este hombre haya nacido ciego, ¿quién pecó, él o sus padres? — Ni él pecó, ni sus padres —respondió Jesús—, sino que esto sucedió para que la obra de Dios se hiciera evidente en su vida" (Juan 9:1–3, NVI).

Los discípulos habían sido enseñados que el pecado causa la enfermedad y es por eso que hicieron la pregunta. Jesús nunca negó que el pecado causa la enfermedad. Sino que estableció que en este caso en particular, ni el afectado ni sus padres habían pecado, más bien esta ceguera existía para que pudiera manifestarse la obra de Dios.

> *Jesús les dio autoridad a Sus discípulos para sanar toda enfermedad.*

Algunas personas han sido enseñadas que su enfermedad proviene de Dios y que de alguna manera ésta lo glorifica a Él. Si se aferra a esta manera de pensar distorsionada, entonces ¿no glorificaría más a Dios si usted estuviera más enfermo? Esta manera de pensar es contraria a las enseñanzas de Jesús y contradiría la comisión a Sus discípulos. *"Reunió a sus doce discípulos y les dio autoridad para expulsar a los espíritus malignos y sanar toda enfermedad y toda dolencia"* (Mateo 10:1, NVI). La palabra *"toda"* indica que sanarían todas las enfermedades y dolencias, sin excluir ninguna.

Algunos cristianos han sido enseñados que el ministerio de sanidad de la iglesia cesó cuando murió el último de los doce discípulos originales. Yo me cuento como una de Sus discípulas y estoy de acuerdo con la Iglesia Primitiva. Creo que Jesús todavía sana hoy en día. He visto incontables tipos de enfermedades y dolencias ser sanadas en el nombre de Jesús y sé que el poder sanador de Dios es una experiencia tan real en nuestros días como lo fue durante la vida de los discípulos. Creo que las obras del Espíritu Santo suceden hoy día en cualquier lugar que el reino de

Dios sea anunciado y la gente crea. *"Habiendo reunido a sus doce discípulos, les dio poder y autoridad sobre todos los demonios, y para sanar enfermedades. Y los envió a predicar el reino de Dios, y a sanar a los enfermos"* (Lucas 9:2).

Finalmente, hay un grupo de personas que creen que Dios todavía sana en la actualidad, pero no creen que Dios quiera sanarlos a ellos o usarlos para ministrar sanidad a los demás. Ellos creen esto por un sin número de razones que no son ciertas. La verdad es que Dios está dispuesto a sanar a cualquiera que crea, como nos mostró Jesús en Mateo 8:3: *"Jesús extendió la mano y tocó al hombre. −Si quiero−le dijo−. ¡Queda limpio! Y al instante quedó sano"* (NVI).

El pecado causa la enfermedad pero Jesús vino a sanar y todavía sana hoy en día. Jesús no solamente le sanará, sino que le usará para ministrar sanidad a otros por fe.

CAPÍTULO 2

El llamado en su vida

En los próximos capítulos de este libro verá términos como *llamado* o *llamamiento, visión* o *dones*. El *llamado* o *llamamiento* en su vida se refiere al propósito y al destino que Dios puso en usted al momento de nacer. Su *llamamiento* o *llamado* existe tanto en el tiempo pasado como en el futuro y nos referiremos a él de ambas formas. Su *llamado* tiene vida y es parte de su identidad, ya sea que esté en este momento llevándolo a cabo o aún esté escondido en su corazón.

Su *visión*, como nos referimos a ella en este libro, es el cumplimiento presente y futuro del llamado en su vida. Es el potencial de lo que será efectuado cuando su llamado se haga realidad. También es dada por Dios y por lo tanto lleva Su vida en ella.

Y finalmente los *dones* son las habilidades que Dios le dio a usted, tanto naturales como sobrenaturales a través de Jesús para completar la visión que Él le ha dado. Estos dones existen en tiempo pasado, presente y futuro y crecerán tanto en fortaleza como en número para asegurarse del cumplimiento de su visión.

Antes de que comience a ministrar sanidad a otros a través de las oraciones en este libro, es importante recordar que Dios quiere que sepamos de la esperanza a la que él nos ha llamado (Efesios 1:18). Dios tiene un propósito para la vida de cada creyente. La pasión que siente por el ministerio fue puesta en usted por Dios. Creo que usted está leyendo este libro ahora mismo para completar el llamado de Dios en su vida. Puede ser que usted no responda al llamado de Dios con un ministerio de tiempo completo en una organización cristiana, pero Dios le ha dado un ministerio (2ᵈᵃ Corintios 5:18).

De manera que mi pregunta a usted es, "¿conoce el llamado que Dios le ha hecho?". Sin duda o vacilación, usted debería ser capaz de responder esta pregunta, "¿cuál es el propósito de Dios para su vida?". Piense en su propósito, en

> *La pasión que siente por el ministerio fue puesta en usted por Dios.*

lo que Dios le ha llamado a hacer, en el plan de Él para su vida. A menos que ese propósito esté vivo en su corazón y se convierta en la motivación central de su caminar diario, ¿cómo puede estar seguro de que está cumpliendo la voluntad de Dios?

Si usted no está conciente de su llamado y propósito, puede estar en peligro de atender al llamado de alguien más. Hágase estas preguntas: ¿Ha envidiado el llamado de alguien más? ¿Quiere lo que alguien más tiene?

He conocido personas en todas partes que están siguiendo el llamado de otros y se han alejado del suyo propio. De hecho, he conocido personas que quieren ser Frances Hunter. Tratan de hacer todo tal como ella lo hacía porque quieren tener su llamado.

Tengo amigos que han tratado de imitar los modales de líderes cristianos, incluso hasta los movimientos de sus manos. Algunos han llegado tan lejos hasta copiar el acento de Carolina del Norte de Billy Graham, la forma en que él sostiene su Biblia y muchas de sus frases.

El plan de Dios, no obstante, fue hacer a cada uno de nosotros miembros originales del mismo cuerpo de Cristo (1ra Corintios 12:12–14; Efesios 4:16). Él no nos dice que imitemos el uno al otro, sino que lo imitemos a Él, pues fuimos creados a la imagen de Su Hijo (Romanos 8:29). No debemos tener la mente de Frances Hunter o Billy Graham. Debemos tener la mente de Jesucristo (1ra Corintios 2:16).

Sea usted quien Dios quiso que fuera y cumpla con lo que Él le creó para hacer (1ra Corintios 12:4–12; Romanos 12:3–8). No se convierta en la fotocopia del llamado de alguien más. ¿No sería triste llegar al cielo y descubrir que pasó su vida haciendo algo distinto a lo que Dios le llamó a hacer? Es posible.

Hay un hombre con una experiencia tal que su historia cambia vidas. Cuando este hombre, recién casado, estaba estudiando leyes, el Señor lo llamó a él y a su esposa a ser misioneros en África. Ellos dijeron: "¡Si Señor, iremos!" y comenzaron a recaudar los fondos necesarios. Cuando estaban a punto de irse descubrieron que ella estaba embarazada. Sabiendo que el lugar al que iban era en una remota jungla, sus amigos y familiares les aconsejaron tener al bebé en Estados Unidos y antes de trasladarse al África.

Pospusieron su partida. La bendición que Dios les dio, un hijo varón, necesitó seis meses de atención médica después de su nacimiento. Como los gastos médicos agotaron todos sus ahorros, este hombre aceptó un trabajo en un bufete de abogados para poder pagar sus deudas. Durante su carrera como un exitoso hombre de negocios cristiano, él llevó a muchas personas a entablar una relación personal con el Señor donde quiera que él fuera. Cuando recibió el bautismo con el Espíritu Santo, ¡se convirtió en fuego para Dios! Como uno de los líderes de los *Florida's Full Gospel Businessmen*

(Hombres de Negocio del Evangelio Completo en Florida), guió a miles de personas hacia el Señor, fue a muchos viajes misioneros, fundó y plantó muchas iglesias y crió a todos sus hijos en el ministerio. Además, cada año envía miles de dólares a los misioneros en África, porque esa área siempre estuvo en su corazón.

Después de jubilarse, se mecía un día en el atrio de su inmensa casa, mirando hacia el río y dándole gracias a Dios por todas las bendiciones y por las cosas grandiosas que Dios había hecho a través de él. De repente, Dios interrumpió el curso de su pensamiento. Claramente escuchó la voz del Señor decirle: "Yo nunca Te llamé a hacer nada de eso, Te llamé a ser misionero en África. Nadie te hubiera conocido, pero hubieras hecho lo que Yo te llamé a hacer. Si me hubieras obedecido nada hubiera sido igual. Tu hijo no se hubiera enfermado y tú no hubieras pasado por esas pruebas. Yo te llamé a ser misionero en África".

> *Responda al llamado que Dios haga en su vida.*

Este hombre siempre supo que algo faltaba en su vida y en ese momento se dio cuenta exactamente de lo que era. Esto lo afectó tan profundamente, que donde quiera que vaya este hombre le dice a cualquiera que lo escuche "Responda al llamado que Dios haga en tu vida".

Sí, Dios tiene un propósito específico y un plan para su vida. Él quiere que usted lleve a cabo lo que Él le ha llamado a hacer. Cuando escuche *"¡Hiciste bien, siervo bueno y fiel!"* (Mateo 25:21, NVI), será porque usted logró lo que Dios quería, y no porque usted hizo lo que pensaba y esperaba era lo que Él quería.

El propósito de Dios para su vida es suyo solamente y nadie en la tierra puede lograrlo en la forma en que usted lo haría. Dios hizo a cada uno con un propósito específico. *"Porque somos hechura suya, creados en Cristo Jesús para buenas obras, las cuales Dios preparó de antemano para que anduviésemos en ellas"* (Efesios 2:10).

Si Dios le llama a hacer algo que usted no siente tener la habilidad para lograrlo, no permita que eso le detenga de responder Su llamado. Por ejemplo, si usted tuviera que escoger entre Pedro y Pablo como apóstol a los judíos y a los gentiles, ¿a quién escogería? ¿No tendría más sentido poner a Pablo como apóstol de los judíos? Él era un hebreo de hebreos, un fariseo educado que podía hablarle a ellos inteligentemente. Por otro lado, ¿no tendría más sentido mandar a Pedro, el pescador sin educación, a los gentiles?

Mas Dios no está limitado a la sabiduría humana (Santiago 3:14–18; 1ra Corintios 2:4). Dios mandó a Pablo a los gentiles y a Pedro a los judíos. Dios llamó a Pedro y a Pablo según Su propósito y Su plan, para que ellos pudieran cumplir con las tareas que les fueron presentadas con Su poder y Su gracia solamente.

Usted puede identificar el verdadero llamado en su vida al observar las metas que ha trazado en su corazón. Si sus metas son promoverse a sí mismo, hacer dinero, tener un lugar de liderazgo, alcanzar cierta notoriedad, o tener importancia y prestigio ante los hombres, entonces esas metas no son de Dios (Hechos 8:9–24). Las metas que fluyen de una mente egoísta y centrada en sí misma no pueden alinearse con los propósitos eternos de Dios. Sus metas deberían estar diseñadas para el beneficio de otros. Las metas dadas por Dios se enfocarán en el destino eterno de las almas y el cumplimiento del propósito de Dios en la vida de los demás.

Si provienen de Dios, las metas ministeriales no se tratarán de usted. A Jesús le ofrecieron el mundo entero y lo declinó. Le ofrecieron una posición alta y la rechazó (Mateo 4:1–11). Él vino por las personas. Específicamente, Él vino por aquellos que estaban perdidos y necesitados. Nuestro Señor Jesús se vació a Sí mismo y tomó la forma de siervo (Filipenses 2:7).

Si Dios puso en su corazón el deseo de alcanzar gente y cambiar vidas, entonces usted se encontrará siguiendo el ejemplo de Jesús en el servicio de sacrificio (Juan 13:14; Mateo 19:16–22). Si su llamado es realmente humilde en apariencia y no le exalta, entonces éste realmente proviene de Dios (Mateo 7:13–14).

He tenido el privilegio de sentarme a la mesa con muchos líderes cristianos exitosos que me dicho que escoja constantemente el camino menos egoísta. Si usted toma la ruta que parece promover sus intereses personales, se encontrará en lugares diferentes a los que Dios tenía trazado que usted fuera. Tendrá que darle la vuelta a la montaña una vez más para poder encontrar la voluntad de Dios para su vida. Hay una manera de evitar ese viaje. ¡Disipe su ego!

El precio que debe pagarse para evitar estos errores es "disipar al ego". Para caminar en la plenitud de la unción, que es el poder necesario para su llamado, su hombre natural y "carnal" debe ir a la cruz y morir. El poder de la resurrección no puede fluir continuamente a través de la carne que no ha sido crucificada (Filipenses 3:9–11).

Frecuentemente conozco personas que están listas para participar en cualquier ministerio, excepto el morir al egoísmo. Ellos piensan que ya han muerto. No entienden completamente lo que significa vivir para Dios y no para uno mismo (Gálatas 2:19–20). Dicho de manera llana, significa que uno ya no vive. *Porque donde hay envidias y rivalidades, también hay confusión y toda clase de acciones malvadas* (Santiago 3:16, NVI).

Si usted vive cada día de su vida guiado por su propia voluntad egoísta y sus deseos naturales, usted acarreará desorden y acciones malvadas donde quiera que vaya. Usted podría decir: "Pero estoy ungido, soy poderoso. Impongo manos sobre los enfermos y sanan. Profetizo y echo fuera demonios". *"Muchos me dirán en aquel día: Señor, Señor, ¿no profetizamos en tu nombre, y en tu nombre echamos demonios, y en tu nombre hicimos muchos milagros? Entonces les diré claramente: Nunca os conocí; apartaos de mí, hacedores de maldad"* (Mateo 7:22–23).

¿Son sus motivos para usted o para Sus ovejas? Cuando Jesús se le apareció a Pedro después de Su resurrección, le dijo que apacentara y cuidara a Sus ovejas (Juan 21:15–17). Él quería que Pedro entendiera que cualquier cosa que hiciera por Sus ovejas, la hacía por y para Él. Eso también es cierto para nosotros. Cuando ministramos a Sus ovejas, le estamos ministrando a Él (Mateo 25:40).

Si usted no está seguro del llamado para su vida, busque a Dios para que Él se lo revele. Dios no le creó para dejarlo sin dirección ni propósito. Él ha puso su llamado dentro de su corazón cuando le formó y le puso en el vientre de su madre (Salmos 139:13–16). Desde el principio, Él tenía un propósito para su vida. Hasta los cabellos de su cabeza están contados y Dios tiene un maravilloso plan para su futuro (Lucas 12:7; Jeremías 29:11). Todo lo que tiene que hacer es pedirle a Dios que le revele lo que ya ha puesto en su corazón. Si no está seguro, ¡Pregúntele ahora!

> *Desde el principio, Dios tenía un propósito para su vida.*

Nuestros propios deseos y planes, los cuales tienden a captar nuestra atención y afecto, usualmente compiten con Su plan y propósito para nuestra vida. Puede ser que su corazón necesite ser circuncidado de planes carnales antes de que verdaderamente usted pueda ver el plan de Dios para su vida. Lo único que evita que usted haga lo que Dios le ha llamado a hacer es su "ego". A medida que usted muera a sí mismo y viva para otros, el plan de Dios para usted será aclarado rápidamente. Usted sabrá en su espíritu que está en el camino correcto y su vida tendrá una motivación y un valor diferentes. Muchos de los deseos en su corazón de servir a los demás, van a alinearse con los propósitos de Dios; y el gozo comenzará a llenar su alma.

Una abogada cristiana de Carolina del Sur fue electa para tomar parte en la Casa de Representantes. Ella era una candidata conservadora en una región donde nunca una mujer o un conservador habían sido electos en la historia del distrito. Su deseo era convertirse en una juez estatal. Después de una buena cantidad de politiquería en los círculos políticos del estado, ella se convirtió en juez. Ella ganó la competencia.

Debido a sus puntos de vista conservadores, se le dieron muchos casos de alta envergadura. Ella tenía que juzgar casos criminales que conllevaban incluso a veces hasta la pena capital [de muerte]. Repentinamente se dio cuenta que tenía que dar veredictos de vida o muerte.

Sin saber que ella luchaba con las cargas de su posición, su hermano despertó a media noche con una urgente necesidad de llamarla. Le dijo que el Señor había puesto algo en su corazón que necesitaba compartirle. Y le dijo: "Fue el plan del Señor que llegaras a ser juez. Él abrió las puertas para que estuvieras en ese cargo. Él puso en ti el deseo de convertirte en juez, porque Él quería un juez justo que le preguntara a Él qué hacer antes de bajar el mallete".

Ella comenzó a llorar y le dijo: "Eso es lo que yo hago. Pero estaba preocupada de que hubieran sido mis propios deseos el llegar a ser juez y ahora la vida de las personas está en mis manos". Este mensaje fue una confirmación de que Dios realmente la había llamado a ser juez.

Dios le concede los deseos de su corazón, porque, para comenzar, es Él quien pone esos deseos en su corazón.

CAPÍTULO 3

Sus dones y la provisión de Dios

L a mayoría de creyentes está familiarizada con el pasaje que dice: *"Porque irrevocables son los dones y el llamamiento de Dios"* (Romanos 11:29). ¿Usted sabe lo que eso quiere decir? Si usted cree que esto se refiere a sus dones espirituales y al llamado de Dios sobre su vida, ha sido enseñado inapropiadamente por personas que han sacado el pasaje fuera de su contexto. Este pasaje no tiene nada que ver con los dones espirituales y el llamado de Dios sobre su vida. Una de las cosas más peligrosas que uestes puede hacer es separar los escritos de Pablo de las enseñanzas de Jesús. Esta separación puede desgarrar la Palabra de Dios. La creencia de que este pasaje es sobre los dones y el llamado es contraria a la parábola de los talentos de Jesús.

Esta es la historia del señor que le dio talentos a sus trabajadores. Dos de ellos tomaron lo que se les había sido dado y lo multiplicaron, más uno enterró su talento y no hizo nada con él. En esta parábola, a los trabajadores que produjeron más se les dio más, pero al que no hizo nada, se le quitó su talento (Mateo 25:14–30). Esta enseñanza de Jesús va alineada con lo que sé sobre la vida.

He visto a través de las experiencias de la vida que las personas que han recibido talentos y llamamientos no los usan, los pierden. Tómese tiempo para leer Romanos 11 y verá que este capítulo trata sobre la salvación y el tiempo limitado que tienen los gentiles para arrepentirse. Romanos 11:29 podría leerse: "Porque los dones de salvación de Dios y su llamado para arrepentimiento de los judíos son irrevocables".

No se engañe creyendo que puede decidir ignorar el llamado de Dios sobre su vida y los dones espirituales que le ha dado por tiempo indefinido antes que decida hacer algo con ellos. La verdad es que si usted no los usa los puede perder. *"A todo el que se le ha dado mucho, se le demandará mucho; y al que mucho se le haya confiado, más se le pedirá"* (Lucas 12:48). Si usted tiene un llamado de Dios, no espere mucho para ponerlo en acción, a menos que Él le diga que espere. Usted podría estar enterrando los talentos que Dios le ha dado para cumplir Sus planes.

Con este entendimiento, considere lo que dice la Biblia: *"Mi Dios, pues, suplirá todo lo que os falta conforme a sus riquezas en gloria en Cristo Jesús"* (Filipenses 4:19). Si Él va a suplir sus necesidades conforme a las gloriosas riquezas en Cristo Jesús, ¿qué significa eso para usted? Durante la primera Guerra del Golfo, el Presidente Bush mandó al General Schwarzkopf a liberar a Kuwait de la invasión Iraquí. El Presidente Bush le dijo: "Cualquier cosa que necesite sólo avíseme".

Schwarzkopf pudo haber llamado al presidente y decirle: "Sabe, me gustaría un condominio en Vail y siempre he deseado tener un Corvette rojo. También me gustaría dos pasajes a Disneylandia para que cuando todo esto termine mi familia y yo podamos pasar tiempo juntos".

El Presidente Bush le habría respondido: "¿De que está hablando? ¿No entendió que yo me refería a cualquier cosa que necesitara para lograr la tarea que le encomendé? Todo lo que tiene que hacer es pedirlo y me aseguraré de que lo tenga".

Usted no podrá llegar al cielo y decir: "¡OH Dios! Si solamente me hubieras dado $10,000,000 hubiera logrado tanto más para Ti. O si me hubieras dado esto o lo otro hubiera logrado tanto más para Ti".

Usted ya tiene lo que necesita para realizar la tarea que Él le ha llamado a hacer, o sino Él se lo dará cuando usted se lo pida. Y si usted no tiene lo que necesita para cumplir con lo encomendado, entonces puede que usted no esté haciendo lo que Dios le ha mandado a hacer, usted no ha pedido Su ayuda, o no es el tiempo de Dios.

> *Dios le ha dado lo que usted necesita para realizar su tarea.*

Sin embargo, no es raro que alguien tenga que vivir más allá de sus posibilidades o de su zona de comodidad antes de que Su provisión se haga tangible. No importa cuáles sean sus circunstancias, no limite a Dios a sus propias habilidades o por su propio modo de pensar. Efesios dice: *"Al que puede hacer muchísimo más que todo lo que podamos imaginarnos o pedir, por el poder que obra eficazmente en nosotros"* (Efesios 3:20, NVI).

Cuando Dios establece una visión, Su provisión siempre va a estar ahí para lograr lo que Él ha planeado. Él puede suplir, y suplirá, todo lo que usted necesite para dar cumplimiento al llamado en su vida.

CAPÍTULO 4

Visión y las motivaciones del corazón

Cuando un corredor de larga distancia compite en una carrera, él sabe que su propósito es cruzar la meta final. Él sabe que la meta está ahí cuando él comienza la carrera. Desde que empieza la carrera, él sabe que la meta final está ahí, pero no puede verla porque está a millas de distancia. La meta final está siempre a su vista aunque de hecho no sea visible.

Puede que esto describa mejor la visión de Dios para su vida. Su visión es dar cumplimiento en el presente y en el futuro al llamado de Dios sobre su vida. Las visiones verdaderas son inspiradas por Dios y están llenas de Su vida. Se hacen realidad por nuestras palabras y las subsecuentes acciones. Estas visiones son esenciales para nuestra existencia.

"Donde no hay visión, el pueblo se extravía" (Proverbios 29:18, NVI). He descubierto, a través de la experiencia de la vida, que compartir la visión dada por Dios es una forma importante de asegurarse su cumplimiento. Es Su propósito y Su plan que usted comparta su visión con otros (Habacuc 2:2). Si usted está casado, Dios le dará una visión que Él quiere que comparta con su cónyuge.

Hubo un pastor en África quien fue llamado a ser misionero en los Estados Unidos. El le dijo una y otra vez a su esposa que Dios lo había llamado a ser misionero y a establecer una misión en EE.UU. Por meses su esposa le dijo repetidamente: "¡No, no, no! Yo no siento que estemos llamados a ir ahí". Pero el siguió compartiendo la visión con su esposa hasta que finalmente ella dijo: "¡Yo sé que tenemos que ir a los EE.UU.!" Ella comenzó a repetirle la visión a él, porque ahora la visión estaba viva en su corazón también.

Comparta con otros la visión que Dios le ha dado. Si es de Dios, ésta permanecerá. Si no es de Dios, no permanecerá. Pero comparta su visión.

Para ahora usted ya debe estar consciente del llamado de Dios en su vida, o debe estar buscándolo a Él para recibir una visión, si aún no la tiene. En este punto, debo pedirle que examine su corazón y se haga las siguientes preguntas: ¿Qué es lo que realmente le motiva? ¿Qué está en el centro de mi corazón? ¿Entiende verdaderamente las implicaciones de estas preguntas? Si Dios le ha dado un corazón por las almas y usted está esperando recaudar suficiente dinero para ir al otro lado del mundo, pero no tiene la compasión suficiente para cruzar la calle y ministrar a los perdidos, ¿es su motivación las almas o son las misiones en el otro lado del mundo?

Comparta con otros la visión que Dios le ha dado.

He aquí otra forma diferente de expresar el mismo concepto. Si no puede ir al supermercado local y usar el don que Dios le ha dado, entonces, ¿que lo califica para usarlo en la iglesia? Si no está en su corazón tocar a la gente de su vecindario y verlos sanar, ¿por qué debería Dios abrirle las puertas a mejores oportunidades?

Antes de ministrar a otros, es esencial que las motivaciones de su corazón estén bien delante de Dios. En muchos lugares la

Biblia dice que cuando Jesús veía las multitudes sentía compasión por ellas porque eran como ovejas sin pastor (Mateo 9:36; 14:14; 20:34; Marcos 1:41; Lucas 7:13). La compasión es una fuerza motora para el ministerio y a veces se mal interpreta como una "blanda" simpatía o conmiseración, tal como se describe en el *Diccionario Actual de la Lengua Española.*

Sin embargo, la compasión verdadera es una combinación intensa de amor y odio. Jesús tenía esa clase de compasión. Él amaba a las personas con un amor sin compromisos y al mismo tiempo odiaba la condición en la que se encontraban atrapados. En el idioma griego la palabra *compasión* significa ser conmovido dentro de uno mismo tan profundamente que los intestinos son estremecidos. La combinación del gran amor y el odio crea una intensa conmoción interna. El uno le da poder a su espíritu y el otro mueve su alma a la acción.

Es importante que entienda los componentes de la compasión y por qué debemos ser motivados en la misma forma que nuestro Señor. No siento que sea necesario explicar la naturaleza del odio o lo que se siente, porque todos lo hemos experimentado. No obstante, he encontrado que muchos mal interpretan la naturaleza del amor.

Algunas personas tienen el concepto erróneo de que el amor que está en sus corazones proviene de ellos mismos y que tienen la habilidad de producir más. Pero esa no es una realidad. La verdad es que el amor que tenemos no provino de nosotros, sino de Dios. Así fue en el principio y será en el final. Dios es, por lo tanto el amor es. Dios es Amor (1ra Juan 4:16).

La oración de Pablo por los efesios fue: *"Para que por fe Cristo habite en sus corazones. Y pido que, arraigados y cimentados en amor, puedan comprender, junto con todos los santos, cuán ancho y largo, alto y profundo es el amor de Cristo; en fin, que conozcan ese amor que sobrepasa nuestro conocimiento, para que sean llenos de la plenitud de Dios"* (Efesios 3:17–19, NVI).

Creo que tomará toda una eternidad para que yo entienda completamente todo lo que el amor abarca. Cada día de mi vida obtengo un mayor entendimiento de quién es Dios, y mientras lo hago experimentaré Su amor con más intensidad y pureza.

Este pasaje de las Escrituras es acerca del amor:

> *Si yo hablase en lenguas humanas y angélicas, y no tengo amor, vengo a ser como metal que resuena, o címbalo que retiñe. Y si tuviese profecía, y entendiese todos los misterios y toda ciencia, y si tuviese toda la fe, de tal manera que trasladase los montes, y no tengo amor, nada soy. Y si repartiese todos mis bienes para dar de comer a los pobres, y si entregase mi cuerpo para ser quemado, y no tengo amor, de nada me sirve. El amor es sufrido, es benigno, el amor no tiene envidia, el amor no es jactancioso, no se envanece; no hace nada indebido, no busca lo suyo, no se irrita, no guarda rencor; no se goza de la injusticia, más se goza de la verdad. Todo lo sufre, todo lo cree, todo lo espera, todo lo soporta. El amor nunca deja de ser.* (1ra Corintios 13:1–8)

Si no se sabe este pasaje memorícelo, le sugiero que se lo aprenda ahora. Léalo hasta que pueda citarlo a cualquier hora en cualquier lugar. Puede leerlo y saber todas las palabras. Sin embargo, cuando estas palabras pasen a ser una revelación dentro de su corazón, éstas cambiarán su vida.

Desafortunadamente es posible hacer todas las cosas maravillosas que dicta 1ra Corintios 13:1–3 sin una motivación de amor. Aparentemente, esto les ha sucedido a algunos miembros de la iglesia. Algunas partes de la iglesia moderna parecen haberse alejado del estilo de vida de amor que presentaba la Iglesia Primitiva. El primer acto de la iglesia del Nuevo Testamento fue vender el exceso de sus pertenencias y dar el producto de esa venta a los pobres.

Cuando el huracán Iván pasó por Florida destruyó algunas iglesias y arrancó los techos de muchas otras al oeste de Tallahassee. Al oír que sus pólizas de seguros no cubrirían los costos de reparación, muchas iglesias localizadas al este de Tallahassee dieron sus fondos para construcción a las congregaciones de las iglesias dañadas. Estas iglesias no estaban preocupadas por las diferencias denominacionales o doctrinales. Ellas querían dar una mano para sanar corazones y ayudar a las iglesias en necesidad. Renunciaron a sus fondos de construcción que habían acumulado durante varios años para que otros pudieran tener un edificio donde adorar a Dios.

> *Debido a nuestro amor, ellos sabrán que somos cristianos.*

La Biblia dice que el mundo sabría que somos cristianos por causa de nuestro amor (Juan 13:35). La mayoría de personas en los Estados Unidos conoce lo indispensable de la Palabra de Dios como para ser salvos. Sin embargo, también conocen a algunos cristianos cuestionables y no quieren ser como ellos. Hay muchas cosas que podríamos hablar sobre este tema, pero si no saca nada de este capítulo, por favor recuerde esto: el amor nunca falla. El amor jamás falla. *"El amor nunca deja de ser"* (1ra Corintios 13:8).

Cuando usted le ministre a alguien sin más que amarlos, entonces el amor… jamás falla. Puede que usted ore por alguien que no es sanado instantáneamente. Recuerde que el amor jamás falla. El llamado de Dios a su vida siempre va a ser motivado por un espíritu de compasión. Ámelos y crea que el amor nunca falla. Dios es amor. Dios nunca falla. El amor nunca falla

*"Y ahora permanecen la fe, la esperanza y el amo
pero el mayor de ellos es el amor".* (1ra Corin

Capítulo 5

Todo es acerca de las relaciones interpersonales

esús vino para que tengamos vida y la tengamos en abundancia (Juan 10:10).

La vida no es acerca de lugares y cosas, sino acerca de nuestra relación y nuestro servicio a Dios, así como nuestra relación y nuestro servicio a Su pueblo. Para confirmar este hecho en su vida, asuma que usted sabe que hoy a la media noche se irá a casa con el Señor. ¿Qué haría diferente desde ahora hasta que ese momento llegue? Lo más probable es que las cosas y lugares perderían todo su valor y usted pasaría el tiempo restante con aquellos a los que aprecia.

Cuando en nuestras relaciones nos alienamos, nuestras vidas reflejan la tensión y nuestros corazones se endurecen. Esta alienación puede infiltrarse lentamente pero en forma segura en cada área de nuestras vidas, familia, amigos, iglesia, Dios. Es obvio que nuestra relación más importante es con nuestro Padre.

En mis viajes me sorprende ver la cantidad de creyentes que han perdido su intimidad con Dios. Igualmente me sorprende ver a tantos creyentes en la iglesia que nunca han conocido esta intimidad. Ésta es definida como *que excede a todo conocimiento* (Efesios 3:19).

Los cristianos que no tienen un entendimiento de la intimidad con Dios, frecuentemente están leyendo libros cristianos y asisten a conferencias cristianas en busca de lo que hace falta en sus vidas. No hay nada de malo con los libros o las conferencias cristianas, pero si usted siente que algo falta en su caminar con Dios, tal vez lo que necesita es alinearse con Su corazón y Su amor incondicional. Así, los libros y las conferencias cristianas añadirán a su caminar con Dios en lugar de tratar de reemplazar lo que usted siente que hace falta.

Hay muchas razones por las que nos separamos de Dios. Pecado, duda y desobediencia son las razones más comunes y se corrigen fácilmente con arrepentimiento, por lo que no voy a entrar en gran detalle sobre ellos en este momento. Hay otra razón de la que se habla poco pero parece ser muy común. Es una separación a través del tiempo, al gradualmente endurecer su corazón hacia Dios, porque Él no realizó algo de la manera que usted lo hubiera hecho si fuera Dios. Puede que usted esté dolido e incluso enojado con Dios, de manera que usted guarda cosas no dichas en contra de Él mientras espera que Él las corrija.

Esto puede ser mejor explicado usando como ejemplo la relación matrimonial. Es común que ministremos a hombres y mujeres que ya no tienen el amor que antes sentían por sus cónyuges. A través del tiempo el cónyuge hizo algunas cosas mal o no llenó sus expectativas. Las pequeñas heridas poco a poco se van sumando. Eventualmente el corazón se endureció y ya no sienten el amor que una vez fue la piedra angular de su matrimonio. La intimidad se ha perdido.

Nuestra respuesta a estas personas es siempre la misma. ¿Qué podría hacer su cónyuge para volver a conquistar su amor? Recibimos muchas respuestas, desde "no estoy seguro" hasta una larga lista de cosas utilizarían una resma de papel. A esto mi respuesta es siempre la misma. ¡Libere a su cónyuge de esa deuda!

Con toda probabilidad, el cónyuge no merece ser liberado y no ha hecho lo suficiente para conquistarle, pero libérele de aquello que usted tiene en contra de él o ella. Exponga las condiciones que usted ha puesto en su corazón para que su pareja las cumpla. Déjales en el altar de Dios y simplemente ame a su cónyuge. Luego haga la declaración de entregar el 100% de su corazón a su cónyuge. Solamente hágalo así:

Oración para liberar al cónyuge

"Voluntariamente pongo en el altar de Dios todas las condiciones que espero mi cónyuge cumpla. Yo (diga su nombre completo) escojo dar 100% de mi corazón a (nombre completo de su cónyuge) desde este día en adelante".

He visto a muchas personas hacer esto y el amor que una vez tuvieron por sus parejas llena sus corazones nuevamente. Es interesante escuchar los testimonios de los cambios maravillosos que se dieron en sus relaciones al llegar a casa.

> *Dios lo ha llamado a usted a dar amor incondicional.*

Dios lo ha llamado a usted a dar amor incondicional. Si usted tiene otra cosa que no sea amor incondicional, entonces está contradiciendo lo que Él es y para lo que Él le creó.

Muchos cristianos le hacen a Dios lo mismo que hicieron en sus relaciones interpersonales, a pesar de que en sus corazones saben que no tienen derecho a tener nada en contra de Dios. Sin embargo, muchas veces lo hacemos. Oramos y Él no contestó nuestras oraciones de la manera que queríamos, o alguien a quien amábamos murió y no entendemos por qué.

Hay muchas razones por las que nos separamos de Dios, pero Él nunca se separará de nosotros. *"No te desampararé, ni te dejaré"* (Hebreos 13:5). Jesús vino para que nos reconciliáramos con Dios. *"Y todo esto proviene de Dios, quien nos reconcilió consigo mismo por Cristo, y nos dio el ministerio de la reconciliación; que Dios estaba en Cristo reconciliando consigo al mundo, no tomándoles en cuenta a los hombres sus pecados, y nos encargó a nosotros la palabra de reconciliación"* (2ᵈᵃ Corintios 5:18–19).

> *Dios nunca se separará de nosotros.*

Cuando ministre a otros, puede que tenga que guiarlos en esta simple oración de restauración. Usted puede tal vez necesitar esta misma oración. He visto innumerables personas decir esta oración y su corazón se ha llenado nuevamente del amor de Dios.

Oración pidiendo restauración

"Padre, voluntariamente coloco en Tu altar todas las condiciones que yo estaba esperando que Tú cumplieras. Yo (su nombre completo) escojo darte el 100% de mi corazón desde este día en adelante. Seré Tu siervo y Tú serás mi Dios, en el nombre de Jesús".

Los otros factores de pecado, desobediencia e incredulidad son corregidos fácilmente. Para que usted sea sanado, el pecado debe confesarse y no permanecer oculto en su corazón. Dios nos dio un patrón de cuantas veces Él está dispuesto a perdonar nuestros pecados. *"Si confesamos nuestros pecados, él es fiel y justo para perdonar nuestros pecados y limpiarnos de toda maldad"* (1ᵃ Juan 1:9).

"Entonces se le acercó Pedro y le dijo: Señor, ¿cuántas veces perdonaré a mi hermano que peque contra mí? ¿Hasta siete? Jesús le dijo: No te digo hasta siete, sino aun hasta setenta veces siete" (Mateo 18:21–22). En el griego este pasaje puede ser interpretado como "no siete veces sino por setenta y siete veces por el mismo pecado el mismo día". Es la naturaleza de Dios el perdonarnos sin medida.

Sin embargo, hay una condición para el perdón. Dios nos perdonará en la misma medida que nosotros perdonamos a otros. *"Porque si perdonáis a los hombres sus ofensas, os perdonará también a vosotros vuestro Padre celestial; más si no perdonáis a los hombres sus ofensas, tampoco vuestro Padre os perdonará vuestras ofensas"* (Mateo 6:14–15). Si usted tiene falta de perdón contra alguien, entonces tampoco usted puede ser perdonado.

Jesús lo explicó de esta manera:

"Por lo cual el reino de los cielos es semejante a un rey que quiso hacer cuentas con sus siervos. Y comenzando a hacer cuentas, le fue presentado uno que le debía diez mil talentos. A éste, como no pudo pagar, ordenó su señor venderle, y a su mujer e hijos, y todo lo que tenía, para que se le pagase la deuda. Entonces aquel siervo, postrado, le suplicaba, diciendo Señor ten paciencia conmigo, y yo te lo pagaré todo. El señor de aquel siervo, movido a misericordia, le soltó y le perdonó la deuda. Pero saliendo aquel siervo, halló a uno de sus consiervos, que le debía cien denarios; y asiendo de él le ahogaba, diciendo: Págame lo que me debes. Entonces su consiervo, postrándose a sus pies le rogaba diciendo: Ten paciencia conmigo, y yo te lo pagaré todo. Más él no quiso, sino fue y le echó en la cárcel, hasta que pagase la deuda. Viendo sus consiervos lo que pasaba, se entristecieron mucho, y fueron y refirieron a su señor todo lo que había pasado. Entonces, llamándole su

señor, le dijo: Siervo malvado, toda aquella deuda te perdoné, porque rogaste. ¿No debías tú también tener misericordia de tu consiervo, como yo tuve misericordia de ti? Entonces su señor, enojado, le entregó a los verdugos, hasta que pagase todo lo que debía. Así también mi Padre celestial hará con vosotros si no perdonáis de todo corazón cada uno a su hermano sus ofensas". (Mateo 18:23–35)

A usted se le ha perdonado todo, pero si no puede perdonar a los que han pecado contra usted, entonces usted está actuando contrario a la naturaleza de Dios y será separado de Dios. Esta es la oración para confesar pecados:

Oración para confesar el pecado

"Padre, he pecado. Confieso mi(s) pecado(s) (<u>exprese el(los) pecado(s) que haya cometido</u>). Me arrepiento y me alejo de eso. Perdona mi(s) pecado(s). Decido perdonar a aquellos que han pecado contra mí. Padre, decido perdonar a (<u>nombre de la persona que pecó contra usted</u>). Lo que hicieron fue un pecado. Quita de ellos este pecado y ponlo en la cruz de Jesús y en el día del juicio no se les tomaré en cuenta este pecado. Desde ahora son libres. Padre, bendícelos".

La incredulidad es otra forma de pecado que nos separa de Dios. Lo opuesto a incredulidad es fe. De acuerdo con la Palabra de Dios a cada persona sobre la tierra se le ha entregado una medida de fe (Romanos 12:3). Usted ya tiene fe y la usa cada día. Si está sentado leyendo este libro, ya aplicó su fe. Usted tuvo fe que la silla en que se sentó lo iba a sostener.

La fe agrada a Dios. La fe es creer. Las cosas de Dios son así de simple. *"En realidad, sin fe es imposible agradar a Dios, ya que cualquiera que se acerca a Dios tiene que creer que él existe y que recompensa a quienes lo buscan"* (Hebreos 11:6, NVI).

Oración para confesar incredulidad

"Padre, no he aprovechado la fe que Tú me has dado. He permitido que la incredulidad penetre mi vida. Confieso esto como un pecado y decido volverme a Ti. Perdóname por este pecado, en el nombre de Jesús".

La desobediencia es otra forma de pecado que nos separa de Dios. Cuando Dios llamó a Moisés para sacar al pueblo de Israel de Egipto, Él le permitió a Moisés expresar sus dudas e incapacidades y le dio respuesta a todo. Sin embargo cuando Moisés le dijo: "Envía a alguien más", *el Señor ardió en ira contra Moisés"* (Éxodo 4:14, NVI).

> *La fe agrada a Dios. Las cosas de Dios son así de sencillas.*

Dios toleró la duda e incapacidad de Moisés, pero no toleraría la desobediencia. Él no la permite ahora. Él le va a corregir porque le ama. *"Porque el Señor al que ama, disciplina"* (Hebreos 12:6). Comprenda que si Dios le ha llamado a hacer algo, usted debe hacerlo. Huir de ello lo separará de Dios, y su vida reflejará el vacío que caracteriza a los hijos de desobediencia.

Había un hombre en una iglesia en Indiana que vivía con un constante dolor de espalda causado por una lesión en un accidente automovilístico doce años atrás. Recibió oración en varias ocasiones con pocos resultados. Después de hacerle unas cuantas preguntas, determiné que él estaba escapando del llamado de Dios sobre su vida. De hecho, había tenido el accidente justo cuando le había dicho "no" al Señor. Después de ser guiado en una oración de arrepentimiento por su desobediencia, él fue sanado instantáneamente.

Oración por desobediencia

"Padre, he desobedecido Tu palabra y Tu plan para mi vida. Me arrepiento y vuelvo a servirte a Ti solamente. Perdona este pecado y colócalo en la cruz de Jesucristo. Soy tu siervo desde este día en adelante".

La mayoría de creyentes conoce y sabe del primer y más grande mandamiento, pero ¿Conoce usted el segundo?: *"Amarás al Señor tu Dios con todo tu corazón, y con toda tu alma, y con toda tu mente. Este es el primero y grande mandamiento. Y el segundo es semejante: "Amarás a tu prójimo como a ti mismo"* (Mateo 22:37–39).

Jesús no nos estaba diciendo que el segundo mandamiento era similar al primero, sino que era como éste visto desde una perspectiva diferente. Si usted no ama a su prójimo como a sí mismo, se está engañando al decir que ama a Dios. Cuando Pedro le preguntó a Jesús: *"¿Y quién es mi prójimo?"* (Lucas 10:29), Jesús le respondió con la historia del buen samaritano (versículos 30–37).

Juan confirmó esto cuando escribió: *"Si alguien afirma: 'Yo amo a Dios', pero odia a su hermano, es un mentiroso; pues el que no ama a su hermano, a quien ha visto, no puede amar a Dios, a quien no ha visto. Y él nos ha dado este mandamiento: el que ama a Dios, ame también a su hermano"* (1ra Juan 4:20–21, NVI).

Somos llamados a amar a todos incondicionalmente. Jesús dijo: *"Porque si amáis a los que os aman, ¿qué recompensa tendréis? ¿No hacen también lo mismo los publicanos?"* (Mateo 5:46).

Los recaudadores de impuestos se sentaban junto a las puertas del muro que rodeaba Jerusalén. Si no se pagaban los impuestos, los recaudadores no dejaban que esa persona entrara a la ciudad a adorar a Dios o a presentar las ofrendas en el templo.

A veces mantenemos a otros adeudados con nosotros y no los dejamos pasar los muros de nuestro corazón a menos que paguen esa deuda. Jesús dijo que las personas que hicieran eso no eran diferentes a los recaudadores de impuestos.

> *¿Qué mérito tienen ustedes al amar a quienes los aman? Aun los pecadores lo hacen así. ¿Y qué mérito tienen ustedes al hacer bien a quienes les hacen bien? Aun los pecadores actúan así ¿Y qué mérito tienen ustedes al dar prestado a quienes pueden corresponderles? Aun los pecadores se prestan entre sí, esperando recibir el mismo trato. Ustedes, por el contrario, amen a sus enemigos, háganles bien y denles prestado sin esperar nada a cambio. Así tendrán una gran recompensa y serán hijos del Altísimo, porque él es bondadoso con los ingratos y malvados. Sean compasivos, así como su Padre es compasivo. No juzguen, y no se les juzgará. No condenen, y no se les condenará. Perdonen, y se les perdonará. Den, y se les dará: se les echará en el regazo una medida llena, apretada, sacudida y desbordante. Porque con la medida que midan a otros se les medirá a ustedes.* (Lucas 6:32–38, NVI)

Dios nos libra de juicio y condenación y nos perdona con la misma medida que nosotros lo hacemos con otros. Si hay alguien en su vida, con quien usted tiene algo en contra, libérelo y déjelo libre. Esto también se cumple cuando usted ora por otros. Guíelos al arrepentimiento para que ellos también sean libres.

Mateo dice: *"Amarás a tu prójimo como a ti mismo"* (Mateo 22:39). Me sorprende la cantidad de cristianos que no se aman a sí mismos. No sólo he conocido cristianos que no se aman sino que hasta se odian a sí mismos. Definitivamente esto es una contradicción a lo que usted es y a lo que ha sido llamado a ser. El odio hacia usted mismo eventualmente afectará todas las relaciones, incluyendo la relación con nuestro Padre celestial. Ya sea que ese odio haya entrado por pecado, desobediencia o por creer mentiras sobre usted mismo, el fruto del odio es siempre el mismo: ¡Devastación!

Cuando usted actúa contrario a la persona que Dios diseñó que usted fuera, a usted no le gustará el fruto que dé y eventualmente no se gustará sí mismo. Si estas acciones que están en contra de Dios continúan por un período de tiempo sin mostrar arrepentimiento, no solamente odiará sus acciones, sino que se odiará a sí mismo por continuar haciéndolas.

El odio hacia usted mismo puede venir por sus propios pecados. No obstante, en algunos casos proviene de los pecados de otros. Por ejemplo: si usted creció en un hogar sin la presencia de Dios en donde había gritos, peleas, condenación y crítica, ya siendo adulto usted va a manifestar muchas de estas características. Si continua con esta conducta se le va a dificultar amarse a sí mismo.

Algunas personas fueron abusadas siendo niños. Puede que ellos sean capaces de perdonar a su abusador, pero a veces tienen la falsa creencia de que fueron ellos la causa del abuso. Creen que había algo malo o diferente en ellos; por ende, haciéndoles sentir responsables por lo que pasó. He ministrado a personas mayores que no se gustaban ellas mismas, porque creían que de alguna forma eran responsables del abuso que había sufrido 65 años atrás. El creer semejante mentira es muy común entre las víctimas de abuso y eso evita que la gente se ame a sí misma y que entreguen su corazón completamente a otras personas.

La respuesta a estos problemas es siempre la misma. Es la cruz de Jesucristo. Toda sanidad se lleva a cabo en la Cruz. Ya sea por pecado, desobediencia, malos hábitos o por creer una mentira, la respuesta es siempre la misma. El camino para cambiar el odiarse a sí mismo a amarse a sí mismo es simplemente el arrepentimiento. *Arrepentimiento* quiere decir cambio, tomar otro camino. Quiere decir que usted ya no actúa contrario a lo que está en su corazón; quiere decir que usted lleva sus acciones anteriores a la Cruz.

Oración de arrepentimiento

"Padre, no he actuado de acuerdo a Tu naturaleza y estoy enojado conmigo mismo por estas acciones. Son pecados. Me arrepiento y ya no continuaré actuando de esta manera. Padre, quita este pecado de mí, ponlo en la cruz de Jesucristo y apártalo de mí. Perdóname por este pecado y perdona a mis ancestros también por este mismo pecado, en el nombre de Jesús".

Hay quienes enseñan que usted se debe perdonarse a sí mismo. Usted no encontrará esa enseñanza en ninguna parte de la Biblia.

> *La respuesta a los problemas es siempre la cruz de Jesucristo.*

Es un pensamiento centrado en el "yo", el cual es contrario a la Cruz. Eso le hace volverse hacia adentro buscando perdón en usted mismo en vez de volverse a la Cruz y aceptar el perdón de Dios por sus pecados por medio de Jesucristo. Una vez que usted se arrepiente, es libre de esos pecados y no necesita perdonarse a sí mismo. Como si realmente pudiera.

La Biblia dice que pongamos nuestras cargas sobre Jesús, *"porque él tiene cuidado de vosotros"* (1ra Pedro 5:7). No es raro encontrar personas que van llevando las cargas de su vida y sus circunstancias sobre sus hombros. Esta es una oración sencilla pero eficaz para liberarse de estas cargas:

Oración para colocar las cargas sobre el altar

"Padre, estoy llevando las cargas de mis relaciones y mis circunstancias. Yo decido depositar todas mis preocupaciones, mis miedos y todas las cosas que no puedo cambiar sobre Tu altar. Padre, pongo a mi cónyuge en

Tu altar. Padre, pongo a mis hijos sobre Tu altar. Padre, pongo mi trabajo y mis finanzas sobre Tu altar. Padre, pongo (<u>mencione las situaciones que no puede cambiar</u>) en Tu altar. Tú eres mi proveedor y sólo Tú puedes moverte en mis circunstancias. Te las entrego y Te las confío en el nombre de Jesús".

Tengo innumerables testimonios de personas cuyos pesados corazones se volvieron livianos o que sintieron que todo el peso del mundo se les había quitado de encima después de repetir esta oración. Frecuentemente uso esta oración en personas que sufren de dolor de la espalda superior o dolor de hombros.

Finalmente, recuerde que cuando ministre a otras personas, usted ha sido llamado al ministerio de la reconciliación, el cual principalmente trata con las relaciones interpersonales.

CAPÍTULO 6

Pasos en la ministración

uando ministramos a las personas, ¿qué debemos hacer primero?

Paso uno: Pregúntele a la persona que desea. La Biblia dice, *"al que te pida, dale"* (Mateo 5:42). No empiece a orar por una persona sin antes hablar con ella. Pregúntele que quiere. La pregunta no es "¿qué quiere que yo haga por usted?"; sino que es "¿qué quiere que Jesús haga por usted?" o "¿qué es lo que espera de Dios?"

Jesús había estado ministrando todo el día cuando un hombre ciego clamó a Él. ¿Qué le dijo Jesús?: *"¿Qué quieres que te haga?"* (Marcos 10:51). ¿Por qué le preguntó esto Jesús? ¿Acaso no era obvio que el hombre ciego quería que su vista fuera restaurada?

A. B. era un hombre de Florida que había estado en el ministerio de sanidad por un día. Había estado orando por la gente y viéndolas sanar, cuando se le acercó un hombre en silla de ruedas. Sus piernas estaban atrofiadas. Estaban muy delgadas y obviamente muy débiles. Era obvio que no había caminado en mucho tiempo, si es que alguna vez lo había hecho. A. B. retrocedió y no supo cómo orar por el hombre inválido. A. B. estaba dispuesto, pero su pensamiento era: "Voy a orar por este hombre Señor, y si no se levanta de su silla de ruedas, alguien va a resultar muy avergonzado y estoy seguro que esa persona seré yo".

Antes de que A. B. pudiera hacer algo, el hombre de la silla de ruedas le pidió: "¿Podría guiarme a recibir el bautismo con el Espíritu Santo?"

A. B. dijo: "Claro que puedo hacer eso". Si el hombre de la silla de ruedas no hubiera hablado, A. B. no hubiera sabido lo que quería. A. B. hubiera empezado a orar por sus piernas.

Paso dos: Pregúntele a la persona por cuánto tiempo ha tenido este problema. Una mujer que por cuatro años había tenido problemas de espalda se acercó a mí para recibir ministración. Anteriormente, ella había recibido oración de parte de muchas otras personas, sin ser sanada. Cuando le pregunté qué había pasado cuatro años atrás, ella me contó que su esposo la había dejado por su secretaria. Todavía estaba muy herida y amargada por esto. La guíe en una oración de perdón; ella puso su dolor en la Cruz y fue sanada al instante. En el evangelio de Marcos dice: *"¿Cuánto tiempo hace que le pasa esto? –le preguntó Jesús al padre"* (Marcos 9:21, NVI).

Paso tres: Observe. Usted le preguntó qué quería, ahora necesita verla a los ojos. Así de simple. *"El ojo es la lámpara del cuerpo. Por tanto, si tu visión es clara, todo tu ser disfrutará de la luz. Pero si tu visión está nublada, todo tu ser estará en oscuridad"* (Mateo 6:22–23, NVI).

Siempre mire a la persona a los ojos y asegúrese que ella también lo mira a usted. Pedro y Juan hicieron esto. *"Pedro, con Juan, mirándolo fijamente, le dijo: –¡Míranos! El hombre fijó en ellos la mirada, esperando recibir algo"* (Hechos 3:4–5, NVI). Si la persona a la que está ministrando cierra los ojos, pídale que los abra. Si voltean la cabeza y no le miran a los ojos, puede que tengan miedo.

Si ve miedo, retroceda hasta que se relajen. Algunas personas se sienten incómodas si usted se acerca a ellos a menos de un metro, como si ese espacio fuera su "zona de confianza" y usted ha traspasado esa zona. También asegúrese de que no está entre la persona y un pasillo o una puerta, lo cual representa la salida de ésta. Ya sea que uestes esté ministrando a un hombre o a una mujer, si todavía usted ve miedo, trate de arrodillarse en una o ambas rodillas para ministrar. En esta posición usted ya no debería representar una amenaza.

Si usted no detecta miedo, pero la persona no lo está mirando a los ojos, posiblemente tendrá pecado sin confesar o puede estar en contrariedad con el Señor o con sus representantes (pastores, ministros, etc.) y eso los sigue a ellos juzgando y condenando en su corazón. *"Confesaos vuestras ofensas unos a otros, y orad unos por otros, para que seáis sanados. La oración eficaz del justo puede mucho"* (Santiago 5:16).

Si ellos no se arrepienten de sus pecados o liberan a los demás de juicio, ¿que pasará mientras usted les ministra? ¡Con toda seguridad nada, a menos que ellos se arrepientan! Ayúdelos ha llegar al arrepentimiento. Y recuerde, nunca rompa la confianza de aquel que confiesa sus pecados. Si lo hace, usted podría causarles un gran dolor y podría acarrear juicio para usted.

También busque señales exteriores de condiciones internas. Las personas se comunican con el lenguaje corporal como también con sus palabras. ¿Están con los brazos cruzados hacia el frente? ¿Están ellos nerviosos o distraídos? ¿Hay alguna otra señal exterior? Ore por lo que ellos pidan; pero como responsable representante de Jesucristo, asimismo manténgase alerta de otros problemas posibles (Mateo. 24:42–43).

Pasó cuatro: Escuche. Cuando le pregunte a la persona qué es lo qué quiere, escuche con atención lo que le están diciendo.

Muchas veces, las primeras palabras que vienen de la boca de esa persona le dirá la raíz del problema. Pero también escuche las quejas, molestias o palabras que revelan actitudes negativas en contra de alguien más. Escuche por señales que indiquen falta de perdón, perjuicios y amargura (venganza insatisfecha).

"Mirad bien, no sea que alguno deje de alcanzar la gracia de Dios; que brotando alguna raíz de amargura, os estorbe, y por ella muchos sean contaminados" (Hebreos 12:15). No permita que ellos entren en detalles acerca de sus situaciones. Puede que la carga sea muy pesada y lo desvíe a usted del camino o lo lleve en otra dirección que no sea la de sanidad.

Puede que encuentre que muchos de los problemas, que ellos dicen les fueron causados por otras personas, son los mismos problemas que ahora ellos tienen. Esto es especialmente cierto cuando ellos están juzgando a los demás. La única manera de que alguien se tome el cargo de juez de alguien más es teniendo autoridad sobre esta última persona. Las personas tiene la tendencia de enojarse y ser poco pacientes con otros cuando el pecado existe dentro de nosotros. De otra manera, ellos tendrían compasión y sentirían el dolor de los demás en vez de juzgarlos. En Juan 8:7, cuando los hombres judíos estuvieron a punto de lanzarle piedras a una mujer que fue acusada de adulterio, Jesús dijo: *"El que de vosotros esté sin pecado sea el primero en arrojar la piedra contra ella"*.

Esto no significa que a los demás sea incorrecto, pero la conclusión causó cualquier otra emoción que no fuera compasión, puede que hayan cosas que necesitan ser crucificadas; tales como enojo, amargura, falta de perdón, egoísmo u otros pecados. Estas cosas necesitan ser tratadas, a menudo antes de ministrar sanidad por una enfermedad en proceso.

Escuche por lo que ellos verdaderamente están buscando. ¿Habrá algo que ellos no están diciendo? Muchos hombres no tienen idea de qué es lo que ellos están sintiendo en ese momento, mucho menos cómo expresarlo.

Había un hombre cuya esposa cometió adulterio y él estaba buscando ayuda. Él verdaderamente no sabía qué era lo que quería. Estaba lleno de ira. Él no entendía el dolor y la mezcla de emociones por las que estaba pasando. Él sólo quería deshacerse del sufrimiento. Él había visto a un abogado para tramitar el divorcio. Pero eso no era lo que buscaba porque él realmente amaba a su esposa. Él buscaba que el daño que ella le había provocado desapareciera por completo. Él quería que alguien lo ayudara a sanar su herida y a encontrar un poco de paz.

Tres horas después de recibir la ministración, él tomó a su esposa entre sus brazos y le dijo: "Te amo y sobrellevaremos esté momento difícil juntos. Nadie te deshonrará mientras yo sea tu esposo. Nosotros resistiremos todo esto".

Pasó cinco: Relájese. Usted y la persona a la que le esté ministrando necesitan relajarse. Ya sea la primera vez que ora por alguien más o la milésima vez que lo haga necesitará relajarse. Respire profundo. Usted no lo puede lograr con su poder. Si no está en paz, será difícil ministrar paz a alguien más.

Hay varias cosas que usted puede hacer para ayudar a las personas a relajarse antes de que reciban la ministración. Dígale, "respire profundo y relájese" o "relájese como si estuviera su silla de descanso en casa". Si ellos le expresan que tienen un tipo de enfermedad grave o problemas de salud como cáncer del seno, usted siempre deberá responder, "eso es fácil". Le sorprenderá ver cuán a menudo las personas se relajan después de escuchar estas tres simples palabras.

Algunos cristianos empezarán a hablar en lenguas, levantar sus manos, cantar y alabar al Señor cuando usted los trate de ministrar. Deténgalos e instrúyalos a colocar sus manos a los lados. Ese no es un buen momento para que ellos empiecen a orar o darle gracias a Dios. Después ellos podrán agradecerle a Él. Alguna gente cree que haciendo todas estas cosas, ellos de una u otra manera motivarán a Dios para que Él obre a favor de ellos, a otros más bien se les ha enseñado que esto es lo "espiritual" y que debe hacerse así.

No estoy diciendo que usted no debe levantar sus manos en la iglesia ni orar y adorar a Dios. No obstante, cuando se ora por alguien, he encontrado muchos mejores resultados si la persona no interfiere con Dios y lo deja a él obrar. Después de que ellos recibieron la ministración, ínsteles a agradecerle a Jesús y alabar a Dios por su sanidad. Dios quiere sanar a todos. La gente necesita relajarse y recibir Su toque.

Pasó seis: Espere en el Señor. Cuando usted espera en el Espíritu Santo, tres minutos pueden parecer un largo tiempo y cinco minutos pueden parecer eternos. Esto sucede cuando la mayoría de cristianos en el ministerio de sanidad no escuchan de Dios. Ellos toman la iniciativa para hacer todo lo que piensan que sea adecuado hacer en vez de esperar el mandato del Espíritu Santo.

Ha habido ocasiones en que he esperado en el Espíritu Santo por lo que parece un largo tiempo. Puede que en ocasiones no se presente de inmediato, pero siempre se presenta. Algunas veces no sé qué espero que Él haga, pero sé que el Señor cumplirá Su voluntad cuando yo espero en Él. Si usted esta orando por personas durante un servicio de la iglesia, probablemente no pueda esperar quince o veinte minutos, pero puede hacer arreglos para verlos después, cuando haya más tiempo. Usted debe tomarse todo el tiempo que ellos necesiten. No trate de apresurar a Dios o a la persona que recibe la ministración.

Creo que la persona por la que oro es la persona más importante de mi vida durante ese momento. Si hay una persona o cien más esperando por oración, le doy a la persona frente a mí todo el tiempo y atención según el Espíritu Santo me guíe.

Paso final: No se rinda. Si usted ora por personas que no son sanados al instante, no se de por vencido. Jesús oró más de una vez por personas. Él oró dos veces por un hombre con ceguera antes de que éste fuera totalmente sanado (Marcos 8:22–25). Por ende, no se rinda. Si alguien no es sanado durante su primera oración, ore otra vez. Siga orando y pregúntele a Dios qué debe hacer después. Y recuerde, el tiempo de Dios es perfecto.

Usted debe estar familiarizado con la historia del libro de Hechos 3:

> *Un día subían Pedro y Juan al templo a las tres de la tarde, que es la hora de la oración. Junto a la puerta llamada Hermosa había un hombre lisiado de nacimiento, al que todos los días dejaban allí para que pidiera limosna a los que entraban en el templo. Cuando éste vio que Pedro y Juan estaban por entrar, les pidió limosna. Pedro, con Juan, mirándolo fijamente, le dijo: – ¡Míranos! El hombre fijó en ellos la mirada, esperando recibir algo. —No tengo plata ni oro—declaró Pedro—, pero lo que tengo te doy. En el nombre de Jesucristo de Nazaret, ¡levántate y anda! Y tomándolo por la mano derecha, lo levantó. Al instante los pies y los tobillos del hombre cobraron fuerza. De un salto se puso en pie y comenzó a caminar. Luego entró con ellos en el templo con sus propios pies, saltando y alabando a Dios. Cuando todo el pueblo lo vio caminar y alabar a Dios, lo reconocieron como el mismo hombre que acostumbraba pedir limosna sentado junto a la puerta llamada Hermosa, y se llenaron de admiración y asombro por lo que había ocurrido.*

(Hechos 3:1–10, NVI)

Pedro y Juan encontraron a este hombre cuando iban camino a la entrada del patio del templo. ¿Alguna vez Jesús fue al patio del templo? Los cuatro evangelios nos dicen que iba muy seguido. El versículo 2 dice que, *"había un hombre lisiado de nacimiento, al que todos los días dejaban allí"*. Si todos los días él se sentaba a la puerta del templo, ¿por qué Jesús no lo sanó? Si Jesús antes pasó por el lado de este hombre, ¿por qué no lo sanó? En Dios siempre hay un tiempo y propósito para todo. *"Todo tiene su tiempo, y todo lo que se quiere debajo del cielo tiene su hora"* (Eclesiastés 3:1) incluso el *"tiempo de curar"* (versículo 3).

Ese día en particular fue escogido por Dios para obrar ese milagro. Pedro y Juan estuvieron ahí, ellos siguieron el plan de Dios. El hombre inválido fue sanado por completo y muchos más acudieron al Señor al escuchar su testimonio. Siempre hay un tiempo perfecto para cada sanidad y ese tiempo siempre brindará gloria a Dios.

Esto es muy simple. Esto es muy fácil. Estos son pasos básicos qué usted debe practicar cuando ministre sanidad a las personas. No tema usar el sentido común y el buen juicio que el Señor le ha dado, pero siempre déjese guiar por el Espíritu Santo y recuerde que "el amor nunca falla".

CAPÍTULO 7

Las aplicaciones prácticas de la oración

*E*n el capitulo, "Como orar por diferentes condiciones", usted verá muchas referencias a las cosas prácticas que usted debería hacer cuando ore por otros. Este capítulo le explicará estas cosas.

Piernas desiguales

Los quiroprácticos pueden con frecuencia decir si una persona ha tenido problemas de la espalda sólo con medirle las piernas. El doctor le pide a la persona que se siente en una silla con su espalda firme y recta contra el respaldo de la silla. El quiropráctico se coloca en frente de la persona, levanta las piernas colocando sus pulgares a cada lado de los huesos los tobillos y sus manos en la parte superior del pie. Cualquier diferencia en el largo de las piernas sería obvia por la desalineación del dedo pulgar. Si los dedos pulgares no están al mismo nivel, eso indica que aparentemente una de las piernas es más larga que la otra.

No he conocido a nadie con un serio problema de la espalda que haya tenido sus piernas del mismo largo. Esto no significa que realmente una pierna sea más corta que la otra. (Esto solamente pasa si hay un problema de perdida de hueso o defecto de nacimiento que dejó una pierna más corta que la otra. Personas con esta condición normalmente utilizarán una elevación en sus zapatos para compensar la pierna corta). Sin embargo, esto significa que en la espalda hay una desalineación y que la espina dorsal, la pelvis, los músculos, los tendones o ligamentos han tenido que moverse para compensar el problema, causando que una pierna se extienda una distancia más corta que la otra. Una pierna parece ser más corta que la otra.

Yo reviso el largo de las piernas de la misma forma que un quiropráctico. Siguiendo este ejemplo, con sus manos sobre los tobillos y sus pulgares en el hueso de los tobillos, ordene que la espalda se enderece.

Oración para ajustar las piernas

"Yo ordeno a los pedúnculos cerebelosos y a la espina dorsal que se coloquen en perfecta alineación. Le ordeno a los músculos, tendones y ligamentos que vuelvan a su medida y fuerza normales. Oro por discos y vértebra nuevos (si fueren necesarios). Yo ordeno que el dolor se vaya y las piernas regresen a su posición normal en el nombre de Jesús".

Bajó ninguna circunstancia hale las piernas. Ore y espere hasta que los tobillos se alineen por medio del poder del Espíritu Santo. Normalmente, las piernas se ajustarán rápidamente, pero en ocasiones toma varios minutos.

¿Hay otras maneras de sanar la espalda aparte de "ajustar las piernas"? Mi respuesta es absolutamente "si". Además, cuando usted ministre de esta forma, usted verá el poder de Dios obrando y también lo verá la persona por la que usted esté orando. Pídale a la persona por la que usted esté orando, como también y a las personas que estén observando, que mantengan los ojos abiertos y vean lo que Dios está haciendo. Ellos no querrán perderse el milagro. Al ministrar sanidad de esta forma, por más de 30 años, he visto innumerables cantidades de espaldas exitosamente sanadas por el "ajuste" de las piernas.

Ajuste de la pelvis

La pelvis es la base de la espina dorsal. Si la espalda esta fuera de alineación, la pelvis necesita acomodarse para mantener el cuerpo lo más derecho posible. Cuando la pelvis está fuera de alineación, puede causar problemas desde pies de pato hasta problemas del síndrome premenstrual. Para ministrar sanidad a una persona, simplemente coloque gentilmente sus manos sobre los huesos de la cintura.

Cuando ministre de esta manera, usted verá el poder de Dios.

Si usted esta ministrando a alguien del sexo opuesto, pídale que Él ponga sus manos sobre los huesos de la cintura y luego usted coloque suavemente sus manos encima de las manos de él. Eleve la oración y después espere a que el Espíritu Santo haga el ajuste. Debe permitir que pasen algunos minutos para que el ajuste ocurra.

Oración para ajustar la pelvis

"Yo ordeno que la pelvis rote a su posición normal. En el nombre de Jesús, ordeno que todos los órganos regresen a su lugar y que los músculos, tendones y ligamentos vuelvan a su medida y fuerza normales".

No intente mover la pelvis. Espere que el Espíritu Santo lo haga. Lo que ocurre después es maravilloso. La pelvis regularmente gira de un lado a otro para acomodarse y las personas sienten que sus ligamentos, órganos, o la pelvis misma se mueven.

Cuando se ore por una mujer con los síntomas del síndrome premenstrual, ordene que los ligamientos se hagan fuertes y la pelvis se abra para disminuir la presión. Para un rápido y fácil nacimiento, ordene que la pelvis se abra para que el bebé nazca fácilmente. Si usted tiene pies de pato, ordene que la pelvis se cierre. Y si son pies con dedos de pichón, ordene que la pelvis se abra.

Ajuste de la parte media de la espalda

Por experiencia, he encontrado que muchas dolencias causadas por la curvatura de la columna o dolor en la región superior del pecho o la espalda pueden ser sanadas ordenando que las costillas giren a su posición normal. Yo uso esta oración cuando para ministrar sanidad a las personas con escoliosis, y, he visto que muchos han sanado. Coloque sus manos en la parte posterior de la espina dorsal en el centro de la espalda y repita la siguiente oración:

Oración para ajustar de la parte media de la espalda

"En el nombre de Jesús, yo ordeno que las costillas se giren y que vuelvan a su lugar. Yo ordeno que las vértebras y los discos de la columna se enderecen. Y ordeno que todos los músculos, ligamentos y tendones vuelvan a su medida y fuerza normales".

Brazos desiguales

Con frecuencia, los quiroprácticos pueden detectar un problema de en la parte superior de la espalda midiendo el largo de los brazos de una personas. Con el paciente en pie, sus pies hacia el frente, los dedos de los pies al mismo nivel y los brazos completamente extendidos hacia el frente, el doctor le instruye que mantenga sus manos separadas a una distancia de un cuarto de pulgada. Cuando los brazos están completamente extendidos, el doctor le pide al paciente que ponga sus manos juntas, doblen los codos y miren la punta de sus uñas. Si la parte superior de la espalda está fuera de alineación, la posición de las manos no se verá al mismo nivel.

No es poco común para alguien con problema en la parte superior de la espalda que tenga lo brazos aparentemente de diferente tamaño. A menos que haya un defecto de nacimiento o pérdida de hueso en algún momento de su vida, los brazos realmente no son de diferente tamaño. Los huesos se posicionan de acuerdo a los ligamentos, tendones y músculos. Los cambios en ese control afecta la posición y acción de la estructura de esqueleto, nuestros huesos, incluyendo nuestros brazos, piernas, espalda, pelvis y cuello.

Ministro a personas con problemas en la espalda superior de la misma manera. Instruya a la persona que se ponga en pie, con sus pies derechos y que extienda sus brazos lo más que pueda, con sus manos una frente a la otra a no más de un cuarto de pulgada de distancia. Instrúyale que mantenga los ojos abiertos para observar el milagro de Dios. Al extender sus brazos aproximadamente a un cuarto de pulgada de distancia, coloque sus manos en el centro de la parte superior de la espalda y repita la siguiente oración:

Oración para ajustar los brazos

"En el nombre de Jesús, ordeno que la parte superior de la espalda regrese a su estado normal y que los pedúnculos cerebelosos se alineen con la columna vertebral. Yo ordeno a los músculos, tendones, y ligamentos vuelvan a su medida y fuerza normales. Oro por discos y vértebra nuevos (si fueren necesarios). También ordeno a los brazos que crezcan y que el dolor cese en el nombre de Jesús".

Bajo ninguna circunstancia empuje la espalda o hale los brazos. Ore y espere hasta que el tamaño de los brazos se alinee con el poder del Espíritu Santo. Normalmente, se ajustarán rápidamente, pero en ocasiones el proceso tomará varios minutos.

¿Hay otras maneras de sanar la parte superior de la espalda aparte de ajustar los brazos? Mi respuesta es absolutamente "si". Además, cuando usted ministre de esta forma, usted verá el poder de Dios obrando. Si la persona por la que usted esté orando mantiene sus ojos abiertos, ella verá, como también sentirá que lo que Dios está haciendo. Cualquiera que esté alrededor también podrá ver los cambios a medida que ocurran. Durante los 30 años que he ministrado sanidad para ajustar los brazos, he visto innumerables problemas en la parte superior de las espaldas ser sanados.

Ajuste del cuello

Si la cabeza o el cuello están fuera de alineación, los músculos del cuello se tensarán para compensar por el problema. Esto puede ser la causa de muchos problemas de dolor de cabeza hasta espasmos en la espalda y adormecimiento de las extremidades inferiores. Lastimaduras causadas por caídas pueden ser el mayor daño a los discos, las vértebras, los músculos, los tendones, y los ligamentos en el cuello y la parte superior de la espalda. Para ministrar sanidad, colóquese frente a la persona, ponga una mano en cada lado del cuello, con la punta de sus dedos en la parte posterior del cuello directamente sobre la columna, y, repita la siguiente oración.

Oración para el ajuste del cuello y la columna vertebral

"En el nombre de Jesús, yo ordeno a los pedúnculos cerebelosos y a la columna vertebral que vuelvan a alinearse. Yo ordeno que todos los músculos, los tendones y los ligamentos vuelvan a su medida y fuerza normales. Oro por discos y vértebra nuevos (si fueren necesarios). Yo ordeno que el dolor cese y que el cuello vuelva a alinearse en el nombre de Jesús".

No levante el cuello o lo voltee en ninguna dirección. Después de que usted haya ministrado, instrúyale que voltee la cabeza o que hagan algo que no podían antes hacer con comodidad.

Cosas prácticas que recordar

1. Usted está ministrando toda sanidad en el nombre de Jesús. Siempre use Su nombre con cada orden como: "Yo ordeno (tipo de sanidad) en el nombre de Jesús".

2. Después de orar por alguien, pídales que digan: "Gracias, Jesús". Siempre agradézcale a Él primero.

3. Luego, pídales que pongan su fe en acción. Instrúyales hacer algo que no podían hacer antes (especialmente si ellos tenían movimientos restringidos).

4. Si los síntomas siguen presentes, ore de nuevo. No se de por vencido. Instrúyales a esperar por su sanidad (por la ausencia de síntomas, etc.). no por el dolor, mientras ellos agradecen a Dios por su mejoría y eventualmente la totalidad de su sanidad.

5. Nunca le diga a alguien que deje de tomar su medicamento aun cuando todos los síntomas hayan desaparecido. Pídales que consulten con sus doctores para recibir nuevas instrucciones con respecto a cualquier cambio de medicina.

6. Una relación con Jesús es lo que todos más necesitan. Si ellos no han nacido de nuevo, guíelos a que hagan la oración de salvación.

CAPÍTULO 8

Dios recibe la gloria

*P*ara este tiempo usted ya debería estar preparado para orar por otras personas para que sean sanados y bendecidos por Dios. Es muy común que al final de una sesión de ministración las personas que están recibiendo sanidad digan, "¡Oh, se lo agradezco! ¡Gracias!"

En cambio, muchos creyentes que ministran sanidad contestaran diciendo, "Agradézcale a Jesús, no a mí", para desviar la atención de ellas del que ministra y así darle la gloria a Dios como es debido. Aquí hay otra manera de tratar con la misma situación.

Cuando las personas que fueron sanadas le digan a usted, "¡Oh gracias, gracias!" solamente responda diciendo, "Yo solamente estaba atento a la respuesta de Dios a sus oraciones. Eso es lo que pasó aquí". Con esa respuesta usted se remueve de la situación completamente. Se le da todo el crédito a Dios y usted se vuelve un observador de los poderes de Dios y no la fuente de ese poder. Esto le permitirá evitar cualquier momento embarazoso de tener pasar la gloria de usted a Dios. Con decirles a ellos que usted observaba a Dios contestándole sus oraciones, usted esta diciendo que Dios lo hizo y Él podría haberlo hecho sin usted. Toda esta gloria se le da a Dios, a quien le pertenece.

Espere en el Espíritu Santo. Él se moverá por medio de usted. No es una función de su habilidad personal, sino de la disponibilidad que usted tenga. Mientras más maduro usted esté en el Señor, mejor se dará cuenta que de que nunca fue usted o por medio de su habilidad que alguien fue sanado. Sea cuidadoso con sus palabras que salgan de su boca después de orar por alguien ¿Se goza porque ellos fueron tocados y libertados o está usted hablando de cómo oró por alguien y fue sanado? ¿O acaso es acerca de usted? ¿O acaso es acerca de lo que hizo Dios por ellos?

> *Espere en el Espíritu Santo. Él se moverá por medio de usted.*

Es después de los hechos que usted claramente ve la motivación de su corazón por las palabras que salen de su boca. *"Porque de la abundancia del corazón la boca"* (Mateo 12:34b). Sus palabras confirmarán si su motivación es ver a las personas ser libertadas o bien si usted quiere ensalzarse al dejarle saber a los demás que cuando usted ora las personas son sanadas.

Es muy común emocionarse cuando una persona es sanada. Yo creo que usted debe emocionarse. Yo también me emociono al ver que las personas son sanadas. Sin embargo, ¿A quién se le da la gloria? ¿Puede usted decir a otros acerca de la sanidad que tuvo lugar sin mencionar la participación suya? ¿La ministración se trata de usted y de su don o de Dios?

Si encuentra que usted ha sido egoísta en la ministración, entonces este el tiempo perfecto para arrepentirse. *"Pero si ustedes tienen envidias amargas y rivalidades en el corazón, dejen de presumir y de faltar a la verdad. Ésa no es la sabiduría que desciende del cielo, sino que es terrenal, puramente humana y diabólica. Porque donde hay envidias y rivalidades, también hay confusión y toda clase de acciones malvadas"* (Santiago 3:14–16, NVI).

Si usted ha sido envidioso y si sus motivos han sido para usted, arrepiéntase. No deje de ministrar a otros, solamente hágalo con los motivos de Dios y no los suyos. Es muy común encontrar a personas dotadas poderosamente que creen que ellos sirven a Dios con sus dones, pero quienes en realidad están sirviéndose a sí mismos. *"Muchos me dirán en aquel día: Señor, Señor, ¿no profetizamos en tu nombre, y en tu nombre echamos fuera demonios, y en tu nombre hicimos muchos milagros? Y entonces les declararé: Nunca os conocí; apartaos de mí, hacedores de maldad"* (Mateo 7:22–23).

Asegúrese de darle la gloria a Dios siempre.

CAPÍTULO 9

Ministrando a los niños

Cuando ministre a los niños, siempre colóquese al nivel de los ojos de ellos. Póngase de rodillas o siéntese. Siempre pregúntele, ¿cómo te llamas? No hable acerca de ellos o les pregunte cosas personales cuando los ve por primera vez. Hable acerca de sus propios hijos o alguna experiencia de cuando usted fue niño hasta que ellos se le unan o hasta que usted este seguro de que ellos están relajados por completo para que usted les pueda ministrar.

La mayoría de los niños no pasan corriendo al frente de la iglesia para orar. Usualmente, ellos son llevados al altar por sus padres. Los padres muy a menudo dicen cosas como, ¿puede usted cambiar los hábitos de este niño y ayudarlo? Nosotros hemos tratado de todo". O, "él ha tenido este problema médico o ese problema desde que nació". Tómese el tiempo posible y hable con el niño a su nivel. No le hable como si fuera un recién nacido, háblele como un adulto, porque ellos están frente a un adulto buscando por ayuda.

Tome un tiempo extra si el niño no ha llegado a la edad de rendir cuentas [de distinguir el bien del mal]. La edad de rendir cuentas es una costumbre judía que marca el momento cuando los niños pasan a ser (jóvenes) adultos y por ende son responsables ante Dios por sus propias acciones. Para una niña, la edad de rendir cuentas empieza cuando ella comienza su menstruación (cerca de los doce años de edad); y, para un niño empieza cuando le crece el cabello en su cara (cerca de los trece años de edad). Estos eventos esencialmente significan que ellos han entrado a la pubertad.

Los errores cometidos antes de esta edad no son necesariamente niñerías; sin embargo, bajo la ley judía la responsabilidad por las consecuencias recae sobre los padres, no sobre el niño. Se entiende que el niño puede estar completamente consciente de lo que está haciendo y de las consecuencias de sus actos. No obstante, antes de este momento o evento, el niño no ha llegado a la edad de rendir cuentas y es considerado responsable solamente a través de los padres.

En muchos casos, no he hallado necesario orar por el niño a menos ellos específicamente pidan por oración. He hallado un mayor éxito al orar por los padres.

> *Porque el marido incrédulo es santificado en la mujer, y la mujer incrédula en el marido; pues de otra manera vuestros hijos serían inmundos, mientras que ahora son santos.*
>
> (1ra Corintios 7:14)

En Florida hay un psicólogo cristiano para niños quien tiene un gran éxito ministrando a los niños perturbados por el "Attention Deficit Disorder" [*Desorden de Atención Deficiente, DAD*] (ADD, por sus siglas en inglés) así como por otros problemas. Él ministra solamente a los padres creyentes. Nunca, ni una sola vez ve al niño. Él se reúne con la madre y el padre, ora con ellos y les instruye cómo tratar a su hijo. Muchas veces él no solamente los aconseja, sino que también les deja tareas para hacer en casa, las cuales tienen que completar antes de que él los vuelva a ver. Todos los niños cambian en un período corto de tiempo, después de que él ministra a sus padres.

Los pecados de los padres (ancestros) son llevados hasta la tercera y cuarta generación. Nadie puede evadir esta ley espiritual.

Hasta que alguien se arrepienta (cambie), esta ley se mantiene en efecto. La maldición se detiene cuando alguien se arrepiente y se levanta por sus padres y dice, "no más, este pecado se detiene aquí y ahora. Yo me arrepiento por mis pecados y los pecados de mis padres".

Cuando estuvo en una iglesia grande en Chicago, una madre empezó a gritar en el fondo del salón. Corrí hacia atrás y encontré a un jovencito poniéndose azul por un severo ataque de asma. Los padres habían enviado a alguien a su automóvil a traer el medicamento para su asma, pero la iglesia estaba llena y ellos estaban estacionados a una larga distancia de la iglesia.

Después de preguntarle al Señor qué hacer, claramente lo oí decir, "oren por la madre". Me llevé a la madre histérica a una esquina silenciosa y la guié a una oración de arrepentimiento por haber cometido adulterio. Ella inmediatamente se arrepintió y cuando lo hizo, ella sintió algo tangible salió de ella. Al mismo tiempo, el jovencito empezó a respirar profundamente. Él estaba bien. El arrepentimiento de la madre y la recuperación del jovencito ocurrieron simultáneamente. Yo nunca toqué al jovencito ni impuso manos sobre él, con todo, él fue sanado.

No estoy diciendo que un ataque de asma es causado por el adulterio, sino que es causado por los pecados de los padres (un padre o un ancestro). En este caso, hubo una situación en particular que envolvía un pecado. El asma y la situación del pecado empezaron al mismo tiempo, y, el arrepentimiento trajo sanidad para los dos al mismo tiempo.

La Biblia tiene mucho que decir acerca de los efectos de los pecados de los padres (Éxodo 34:5–7; Levítico 26:39–42; Números 14:18).

No te inclinará a ellas, ni las honrarás, porque yo soy Jehová tu Dios, fuerte, celoso, que visito la maldad de los padres sobre los hijos hasta la tercera y cuarta generación de los que me aborrecen. (Éxodo 20:5).

Jesús también habló de los pecados de los padres. Él les dijo a los fariseos que ellos también estaban haciendo lo mismo que sus padres hicieron.

Respondieron y le dijeron: Nuestro padre es Abraham. Jesús les dijo: Si fueseis hijos de Abraham, las obras de Abraham haríais. Pero ahora procuráis matarme a mí, hombre que os he hablado la verdad, la cual he oído de Dios; no hizo esto Abraham. Vosotros hacéis las obras de vuestro padre. (Juan 8:39–41)

Cuando usted guíe a las personas a oraciones de arrepentimiento, es muy importante que ellos también se arrepientan de los pecados de sus padres (padres, abuelos, ancestros). Luego dígales que pongan todos estos pecados en la cruz de Jesucristo (Véase el Capítulo 11 para oraciones específicas).

CAPÍTULO 10

Liberación

L a ministración de liberación no es difícil ni complicada. Es tan fácil como el orar por un enfermo. Lo que sí requiere es que haya un entendimiento de la Palabra y la autoridad de Dios. La liberación fue una tercera parte de la ministración de Jesús. Si usted impone manos sobre los enfermos y ve sanar, entonces eso va a ser parte de su ministerio.

¿Qué es un ser demoníaco? Es un espíritu maligno que busca un cuerpo donde habitar y necesita una puerta abierta para poder entrar. ¿Pueden los cristianos tener demonios? Mi respuesta es siempre la misma: ¿Tienen cuerpo los cristianos? Recuerde que la causa de la enfermedad es el pecado y el pecado es una puerta que muchos espíritus demoníacos utilizan para entrar en la vida de una persona. Los demonios no pueden habitar en su espíritu, pero al darle acceso a su vida, pueden afectar su cuerpo, su alma, su mente y sus emociones. Usted no encontrará demonios detrás de cada manija de puerta o detrás de un arbusto, pero ellos existen y pueden causar desolación en el pueblo de Dios.

Si usted no está familiarizado con los pasajes que muestran la existencia de los demonios y cómo ellos trabajan, entonces usted necesita leer una vez más las Escrituras. Comience con el ministerio de sanidad de Jesús. Jesús echó fuera de María Magdalena a siete demonios y prosiguió echando fuera muchos más (Marcos 16:9; Mateo 8:16, 28–32; 10:8, Marcos 1:32–34, 39; Lucas 8:2; 27–33; 11:14 como también otros versículos en las Escrituras).

Los demonios no son las causas de cada problema en la vida. Sin embargo, sí son la causa del problema en la persona que viene buscando su ministerio, usted debe saber cómo ministrar liberación (libertad) de acuerdo a la Palabra de Dios.

¿Como tratamos con esas entidades espirituales? Primero que todo, usted necesita saber que usted tiene autoridad sobre los demonios. Esta autoridad es dada por Dios a todos los creyentes sin excepciones. *"Estas señales acompañarán a los que crean: en mi nombre expulsarán demonios"* (Marcos 16:17, NVI). El Señor nos dio esa autoridad, así como Él la dio a sus discípulos. Él llamó a Sus doce discípulos y les dio autoridad para echar fuera demonios y sanar todo padecimiento y enfermedad. Jesús les dio a Sus seguidores autoridad para liberar a otros de demonios. Si usted es seguidor de Jesús, entonces usted tiene la misma autoridad (Mato 10:1; Marcos 3:14–15; 6:7–13; 16:17; Lucas 9:1; 10:17–19).

Usted tiene la autoridad dada por Dios a todos los creyentes.

Resulta interesante considerar que los seguidores de Jesús ministraran sanidad y echaran fuera demonios tanto antes como después de que Jesús muriera, como también antes y después de que recibieran el Espíritu Santo, tal como se describe en el libro de los Hechos.

Junto con el ser persuadido a que usted tiene esta autoridad, debe entender cómo funciona. Esta autoridad es suya cuando usted entienda su posición en Cristo y no solamente el poder o las habilidades que tiene en Él. Puede ser mejor explicado de esta forma: Usted esta manejando en la autopista por la noche y un hombre grande con su motocicleta trata de sacarlo de la autopista.

No hay mucha duda de que usted se resistirá. Sin embargo, si un policía en motocicleta trata de detenerlo en la autopista, usted sabe que tiene que detenerse. Él no es más fuerte como el otro hombre, pero está operando con una alta autoridad y cuenta con que ese poder lo respaldará. Él sabe y entiende su autoridad.

No es lo que usted pueda hacer en contra de los demonios lo que hace que le obedezcan, sino que como usted está en Cristo ellos se tienen que someter. *"Cuando los setenta y dos regresaron, dijeron contentos: Señor, hasta los demonios se nos someten en tu nombre"* (Lucas 10:17, NVI).

¿Cómo sabe cuáles demonios o espíritus malignos son los causantes del problema? En general, ellos son descritos por sus funciones; en otras palabras, como se manifiestan en su forma natural. La Palabra de Dios menciona diferente tipos de espíritus (Marcos 7:21; 8:2; 13:11), espíritus de sordera y tartamudez (Marcos 7:32, 37; 9:25), los espíritus de dolor (Isaías 61:3), los espíritus de altanería u orgullo (Proverbios 16:18), los espíritus de esclavitud (Romanos 8:15), etc.

He hallado, a través de la experiencia de la vida, que los demonios son individuales en propósito. Hay muchos tipos de espíritus malignos o demonios y cada uno tiene su propio tipo de manifestación. Por ejemplo, el espíritu de ira puede solamente manifestarse con enojos. El espíritu de enfermedad puede solamente manifestarse con enfermedades. Y un espíritu de perversión es siempre perverso y no tiene otros rasgos.

El libertar a las personas de los demonios es muy fácil porque los demonios deben obedecer a los creyentes que están actuando bajo el nombre de Jesús y con Su autoridad. Sin embargo, debe usar cautela: como en cualquier otro ministerio usted debe estar seguro de ser guiado por el Espíritu y no por sus propios deseos de ver a la persona libertada. Jesús claramente explicó que si saco al espíritu maligno de una persona pero descuido el tratar la causa (puerta) por la cual el espíritu entró, puedo hacer más mal que bien.

Cuando el espíritu inmundo sale del hombre, anda por lugares secos, buscando reposo; y no hallándolo, dice: Volveré a mi casa de donde salí. Y cuando llega, la halla barrida y adornada. Entonces va, y toma otros siete espíritus peores que él; y entrados, moran allí; y el postrer estado de aquel hombre viene a ser peor que el primero. (Lucas 11:24–26)

Es muy importante que se trate la raíz de la causa y que haya arrepentimiento de esa causa. Hay dos preguntas muy importantes que hacer para poder encontrar la raíz de la causa:

1. ¿Cuánto tiempo ha tenido usted el problema? (¿Cuándo empezó?)
2. ¿Qué paso antes o cuándo esto empezó? (Identifique la puerta).

El miedo, la falta de perdón, la amargura, el orgullo, la lujuria, la codicia, los pecados generacionales, las maldiciones y cualquier participación en lo oculto son algunas de las causas de la raíz del problema.

Por cuatros años una mujer en Iowa había sufrido dolores. Ella estuvo envuelta en un accidente automovilístico y su espalda nunca sanó aunque recibió muchas oraciones. Hubo una fea demanda de a la compañía de seguros y ella fue falsamente acusada. Ella todavía estaba enojada con la persona que le pegó a su carro y con el abogado de ésta. Cuando oré por ella, ella perdonó a los dos y fue instantáneamente sanada. A medida que ella los perdonaba, ella podía sentir el enojo, la amargura y el dolor salir de su cuerpo.

Pude haberla ministrado solamente con echar fuera el espíritu de dolor. No obstante, si no la he guiado al arrepentimiento por el enojo y la falta de perdón, puede que ella tuviera más problemas si el espíritu de dolor regresaba (Lucas 11:24–26).

El libertar a las personas es muy fácil. Cuando usted ministre, no busque por la oscuridad que pueda residir en las personas. Busque la luz que está en ellos y la luz expondrá cualquier oscuridad. Quiero también señalar que no hay ningún registro en la Biblia donde Jesús le gritara a los demonios o se les repitiera una y otra vez que salieran. Él simplemente los echaba fuera con una palabra. *"Y cuando llegó la noche, trajeron a él muchos endemoniados; y con la palabra echó fuera a los demonios, y sanó a todos los enfermos"* (Mateo 8:16).

Asimismo, usted debe recordar que cuando los demonios son echados fuera, ellos no pueden entrar en su cuerpo, en el cuerpo de los miembros de su familia o en su casa. La palabra confirma que ellos se van a lugares secos y áridos.

> *Siempre camine de acuerdo a la verdad de Dios, tal como es revelada en Su Palabra.*

"Cuando el espíritu inmundo sale del hombre, anda por lugares secos, buscando reposo; y no hallándolo, dice: Volveré a mi casa de donde salí" (Lucas 11:24). Lo lugares secos y áridos son lugares sin agua o vida (Apocalipsis 22:1).

Aunque los espíritus malignos todavía existen, siguen siendo malos y todavía tienen fuerza, siempre recuerde que ellos tienen que someterse al nombre que esta por encima de todo nombre, el nombre de Jesucristo. *"En el nombre de Jesús se [dobla] toda rodilla de los que están en los cielos, y en la tierra, y debajo de la tierra"* (Filipenses 2:10).

Los demonios no tienen que someterse a su voluntad, pero sí tienen que someterse a la voluntad Dios por medio del nombre de Jesús. De manera que siempre camine de acuerdo a la verdad de Dios, tal como es revelada en Su Palabra, déjese guiar por la paz de Dios y siga la dirección del Espíritu Santo.

CAPÍTULO 11

Oración de arrepentimiento

E sta es una colección de oraciones eficaces que usted usará en la sección "Cómo orar por diferentes condiciones" de este libro. Son oraciones muy eficaces al ministrar sanidad. Apréndaselas.

Oración para la salvación

"Padre, yo sé que Jesús vino para que tengamos vida y vida en abundancia. (Juan 10:10) La Palabra de Dios confirma que los que siguen a Jesús deben ser siervos del Señor. Como siervo, cada uno dejará la vida que conoce y recibirá una nueva vida en Cristo (Marcos 10:43; Romanos 6:4). Yo estoy dispuesto a morir a mi vieja vida y tomar esta nueva vida como siervo de nuestro Señor Jesucristo.

"Padre, confieso que he vivido para mi. El camino que he escogido no ha producido frutos que den vida ni frutos que sean duraderos. Estoy dispuesto entregarte mi vida completa a Ti y confieso con mi boca que Jesús es el Señor y que ahora soy un siervo del Señor. Ya no viviré para mí, sino que viviré para Cristo desde ahora en adelante. Yo confieso mis pecados y pido que sean removidos de mí y colocados en la cruz de Jesucristo. (Tome el momento necesario para confesar todos los pecados cometidos). Yo sé que este es el inicio de una jornada que continuará hasta la eternidad. Yo (diga su nombre completo) te daré el 100% de mi corazón y confirmo mi compromiso con Jesús quien resucitó de los muertos y ahora vive en mi corazón".

Oración por perdón

"Padre, entiendo que Tú no perdonas el pecado, pero sí perdonas a las personas que pecan (Mateo 6:12). Yo entiendo que Tú separas los pecados de aquellos que se arrepienten y confiesan sus pecados. La Palabra de Dios confirma que Jesús tomó los pecados que confesé y los colocó en la cruz, y, que Él no toma en cuenta los pecados en contra mía (1ra Pedro 2:24). También entiendo que nadie más que Jesús merece perdón y que Tú perdonarás mis pecados de la misma manera en que yo perdono a los otros.

"Padre, yo escojo perdonar a (diga el nombre completo). Lo que ellos me hicieron es pecado. Toma este pecado de ellos y colócalo en la Cruz. En el Día del juicio cuando yo esté delante de Tu trono, no haré acusaciones en contra de ellos. Padre, te pido que los bendigas en el nombre de Jesús".

Arrepentimiento por juicio y condenación

"Padre, yo entiendo que Tu palabra dice que Tú me juzgarás de la misma manera que juzgo a los demás. También sé por Tu palabra que si yo condeno, de la misma manera seré condenado por otros. (Lucas 6:37–38; 1ra Corintios 5:12). Entiendo que es bueno juzgar las cosas como buenas o malas de acuerdo a Tu palabra, pero solamente Tú sabes los motivos e intenciones de los corazones (Hebreos 4:12).

"Padre, yo he juzgado a otros y los he condenado. Eso es pecado y me arrepiento de ese pecado, te ruego que, en el nombre de Jesús, coloques este pecado en la cruz de Jesucristo".

Oración para romper palabras de maldición enunciadas

"Padre, yo se que Tu Palabra enseña que debemos decir cosas que edifique, estimulen, corrigen en amor y confirmen (1ra Tesalonicenses 5:11; 2; 2da Timoteo 4:2). Las palabras de condenación, difamación, acusación y chismes no provienen de Ti. Eso es pecado. (Juan 5:9).

"Padre, he dicho palabras que no edifican, exhortan, corrigen en amor o confirman. Tomo responsabilidad por esas palabras. Eso es pecado. Quita este pecado de mí, colócalo en la cruz de Jesús y que en el Día del Juicio no sean usadas en contra mía. Renuncio a esas palabras, en el nombre de Jesús. Te pido que bendigas a los que les he dicho esas malas palabras".

"Padre, personas han dicho palabras de mí, las cuales no edifican, exhortan, corrigen en amor o confirman. Eso es pecado. Toma el pecado de ellos, colócalo en la cruz de Jesús y en el Día del Juicio no las uses contra ellos. Yo escojo liberarlos totalmente de esto, y, esas palabras han sido cortadas de mí, en el nombre de Jesús".

Oración para romper maldiciones generacionales

"Padre, yo se que Tu Palabra dice que si confesamos nuestras iniquidades (pecados) y las iniquidades (pecados) de nuestros padres entonces Tú nos sanarás (Santiago 5:16; Levítico 26: 40:42).

"Padre, yo tomo responsabilidad por mis pecados. Te pido que perdones mis pecados, sépáralos de mí y colócalos en la cruz de Jesucristo. También te pido que perdones los pecados de mis ancestros, quita esos pecados de ellos y colócalos en la Cruz; asimismo pido que cortes la maldición de mí y de mi familia, en el nombre de Jesús".

Oración para romper pactos licenciosos

"Padre, entiendo que la relación sexual es señal del pacto conyugal y que Tú llamas santo ese bendito pacto matrimonial (Mateo 19:6). También sé que Tu Palabra dice que el sexo fuera del matrimonio es pecado (Mateo 15:19–20). También entiendo que he entrado en un acuerdo con todas las personas con quien he tenido relaciones sexuales.

"Padre, yo renuncio al acuerdo licencioso que he hecho con (diga el nombre completo). Esto fue pecado y renuncio al mismo. Separa este pecado de mí y ponlo en la cruz de Jesús, corta de mí y de mi casa este acuerdo hecho. Igualmente renuncio a cualquier otro acuerdo licencioso que haya hecho, en el nombre de Jesús.

CAPÍTULO 12

Sistema inmunológico y las frecuencias eléctricas y magnéticas

El sistema inmunológico está compuesto por un grupo de células interactivas altamente especializadas, las cuales reconocen células anormales, tejidos, objetos u organismos dentro del cuerpo. Cuando una anormalidad es identificada, se activa la respuesta del sistema inmunológico. Entonces, las células blancas dentro del fluido linfático atacan las anormalidades para destruirlas, removerlas del cuerpo y regresar al cuerpo a su estado normal de salud.

Los tejidos linfáticos son encontrados en muchas áreas del cuerpo, tales como la médula, las amígdalas, las adenoideas, el bazo y el apéndice. Estos órganos y tejidos actúan como una red de barreras protectoras contra las infecciones y los cuerpos extraños. Los vasos y los nudos linfáticos forman parte del especial sistema circulatorio que lleva linfas a todo el cuerpo y son vitales para la respuesta inmune.

Aunque sus sistemas están completamente separados, el sistema linfático y el de circulación sanguínea funcionan en estrecha colaboración entre sí para limpiar las impurezas del cuerpo, tales como bacterias, infecciones, virus o células cancerígenas.

Dios también diseñó otras barreras protectoras específicas dentro del cuerpo. Estas incluyen la piel (el órgano más largo del cuerpo), el ácido estomacal, la mucosa, el reflejo de la tos, las lágrimas y los aceites de la piel. Si un organismo extraño pasa estas líneas de defensa, el sistema inmunológico toma control para repeler la sustancia potencialmente peligrosa.

La mayoría de enfermedades comienzan cuando el sistema inmunológico está en peligro. Haga esta oración donde sea aplicable:

Oración para restaurar el sistema inmunológico

"Ordeno que el sistema inmunológico sea restaurado. Yo le ordeno que sea efectivo para detener las enfermedad, los gérmenes y los virus que estén causando problemas en este cuerpo, en el nombre de Jesús".

Frecuencias eléctricas y magnéticas

El cuerpo humano esta compuesto de trillones de células que son afectadas constantes reacciones químicas, las cuales producen la energía para que funcione nuestro cuerpo. Parte de la energía liberada de esas reacciones es una energía eléctrica que a su vez contiene frecuencias magnéticas. La ciencia moderna puede ahora medir estas energías eléctricas y magnéticas.

La ciencia ha encontrado que en los cuerpos donde existen enfermedades como el cáncer, la frecuencia de energía eléctrica y magnética es alterada de su estado natural. En otras palabras, estas frecuencias están fuera de su armonía y balance. Hay estudios que sugieren que el cáncer deja de crecer cuando las frecuencias de energía eléctrica y magnética regresan a su estado natural. He encontrado por experiencias propias que al ordenarle al cuerpo que sus frecuencias eléctricas y magnéticas regresen a su estado natural, eso trajo sanidad de muchas enfermedades.

Oración para normalizar las frecuencias eléctricas y magnéticas

"En el nombre de Jesús, ordeno que todas las frecuencias eléctricas y magnéticas en este cuerpo regresen a su estado normal de armonía y balance".

Priones

Los priones son moléculas de proteína que han cambiado su configuración en un cuerpo normal. Éstos son capaces de reproducirse por sí mismos y son muy infecciosos, dañan el cuerpo y afectan negativamente la función normal del cuerpo. Estos priones han sido hallados, durante una autopsia, en los tejidos neurológicos tales como el cerebro. Las investigaciones médicas no son claras en cuanto a la causa exacta de los priones como tampoco al tratamiento para controlar y prevenir el desarrollo de los priones. No obstante, los priones tienen la tendencia a existir donde se presenta la enfermedad.

He visto a personas ser sanadas de varias enfermedades simplemente con ordenarle a los priones que se disuelvan y sean descartados por el cuerpo.

Oración para remover priones

"Yo ordeno que todos los priones sean totalmente disueltos y descartados del cuerpo. Ordeno la sanidad de todas las células que han sido afectadas, en el nombre de Jesús".

Equilibrio del pH

El equilibrio del pH (nivel de ácido o alcalina) de los fluidos de nuestros cuerpos afecta todas las células del cuerpo. Cualquier desequilibrio interferirá con las actividades y funciones celulares. La generalizada queja de poca energía, fatiga, exceso de peso, mala digestión, dolores de cabeza y otros malestares, como también otros desórdenes más serios han sido relacionados al desajuste del pH. A menudo las causas oscilan desde una dieta no balanceada, toxicidad médica, mal funcionamiento de los riñones o el hígado, problemas de la respiración hasta un manejo descontrolado de la diabetes.

El cuerpo tiene muchas maneras de corregir cualquier estado anormal o función del cuerpo; sin embargo, éste no puede corregir indefinidamente todos los estados de desequilibrio. Ciertas enfermedades del cuerpo pueden ser causa del desequilibrio del pH; no obstante, el desequilibrio mismo eventualmente también causará el mal funcionamiento o las enfermedades del cuerpo. Si no se corrige, el desequilibrio del pH puede causar la muerte.

Oración para normalizar el equilibrio del pH

"Yo ordeno que el equilibrio del pH en este cuerpo se normalice. Ordeno la sanidad de cada célula afectada por un anormal nivel del pH, en el nombre de Jesús".

CAPÍTULO 13

Oraciones por diferentes condiciones

ABUSO

El abuso puede ocurrir de forma física, sexual, emocional, verbal o una combinación de estas experiencias a cualquier edad. Si una persona responsable no provee las necesidades básicas de las otras personas indefensas y que dependen de él, ese descuido puede también ser considerado abuso. De acuerdo a la ley, se requiere que reportemos cualquier abuso sexual a un menor. Si usted ha sido informado de tal abuso y no lo reporta a las autoridades correspondientes, entonces a usted se le podría seguir juicio, al igual que a la persona que cometió el crimen. A menudo las víctimas creen que tienen parte de la culpa por el trato abusivo. Ellos creen en una mentira.

Como ministrar: (Todas las órdenes serán dadas en el nombre de Jesús)

1. Instruya a las víctimas que sufren de constante abuso físico que vayan a una casa de refugio.
2. Diríjalos en oración para perdonar al abusador.
3. Reprenda las mentiras que ellos han creído.
4. Pida la paz de Dios sobre ellos.

ACCIDENTE CARDIOVASCULAR (ACV) (Véase

TAMBIÉN INFARTO).

ACNÉ

El acné es una condición de la piel caracterizada por puntitos blancos, puntitos negros y pústulas rojas inflamadas, conocidas como "barros". El acné es causado cuando los diminutos poros en la superficie de la piel son tapados. Normalmente, las glándulas de grasa que están debajo de la piel ayudan a mantener la piel lubricada y a remover las células viejas de la piel. Cuando se produce demasiada grasa, los poros tienden a bloquearse, acumulando tierra, suciedad y bacterias. Las bacterias pueden llegar a ser una infección que, a su vez, puede causar repetidas erupciones las cuales pueden dejar serias cicatrices físicas. Usualmente notado en la cara, el acné puede infectar otras partes del cuerpo tales como la espada.

El acné puede ser agravado por el estrés, una dieta inadecuada o la falta de higiene. La desagradable apariencia de erupciones, con frecuencia afecta las relaciones interpersonales y pueden precipitar los apodos o el aislamiento, especialmente durante la adolescencia.

Como ministrar: (Todas las órdenes serán dadas en el nombre de Jesús)
1. Reprenda la infección y ordénele que se vaya.
2. Imponga manos en la cabeza de la persona y ordene que los poros de la piel se abran, se vacíen y funcionen normalmente.
3. Ordene que las glándulas produzcan una cantidad normal de grasa.
4. Ordene que todos los tejidos dañados y cicatrizados sean sanados.
5. Pida la paz de Dios sobre ellos.

ADICCIÓN (ALCOHOL, CIGARRILLOS, MEDICINA, DROGAS O COMIDA)

Una adicción es una dependencia física o fisiológica a una sustancia. Por ejemplo: el alcohol, la nicotina en los cigarrillos, la medicina o las drogas (como tranquilizantes, cocaína, marihuana, heroína, etc.). El abuso crónico de cualquier clase de droga [o medicina] puede causar daños a varios órganos y funciones del cuerpo. Las personas también pueden ser adictas a la comida (a esto se le conoce como glotonería).

Muy a menudo la raíz de la causa es rebelión, la cual generalmente ocurre durante o después de la pubertad (edad de rendir cuentas), abriendo así la puerta para un espíritu de adicción. Muchas personas han sido liberadas del abuso de estupefacientes pero deben pelear toda su vida contra el espíritu de la adicción hasta que se arrepienten de su rebelión.

Como ministrar: (Todas las órdenes serán dadas en el nombre de Jesús)

1. Confirme sus deseos de ser liberados de la adicción.
2. Ellos deben arrepentirse de su rebelión.
3. Pídales que renuncien a las palabras que enunciaron en rebelión.
4. Ore pidiendo el reemplazo de cualquier parte del cuerpo que esté dañado; por ejemplo, un nuevo cerebro, hígado, etc.
5. Pida la paz de Dios sobre ellos.

ADHESIONES (Véase Cicatrices y Queloides).

ADORMECIMIENTO

El adormecimiento y el hormigueo son sensaciones anómalas que más frecuentemente afectan a las manos, pies o piernas. Esto a menudo es un síntoma de un problema subyacente.

Existen varias causas posibles que usualmente incluyen una circulación anómala o nervios dañados en un área del cuerpo. Una lesión en el cuello puede causar adormecimiento ya sea en el brazo o la mano. Asimismo, una lesión en la parte inferior de la espalda puede causar ciática—una sensación de adormecimiento u hormigueo en la parte posterior de las piernas.

El poco suministro de sangre debido a la ateroesclerosis podría precipitar dolor, adormecimiento y hormigueo en las piernas. Esto podría ser diagnosticado por un médico como EPV (enfermedad periférica vascular), EPA (enfermedad periférica arterial) o neuropatía. La presión en los nervios de la espina dorsal o el daño al cerebro (derrame o lesión en la cabeza) pueden causar adormecimiento en cualquier parte del cuerpo. El síndrome del túnel carpiano causa adormecimiento y hormigueo en la muñeca, los dedos, la mano o el antebrazo.

El adormecimiento permanente es hallado junto con la parálisis (cuadraplejía—las cuatro extremidades o paraplejía—piernas) donde el nervio de la espina dorsal ha sido cortado.

Como ministrar: (Todas las órdenes serán dadas en el nombre de Jesús)

1. Ordene que cualquier proceso de enfermedad se vaya.
2. Ordene que los discos y la vértebra regresen a su posición normal y que la presión de los nervios se libere y que éstos vuelvan a su funcionamiento normal.
3. Ordene que las funciones eléctricas y químicas del sistema nervioso funcionen correctamente.
4. Ordene que la sangre fluya normalmente por el cuerpo.
5. Ordene que las frecuencias eléctricas y magnéticas funcionen armonía y balance.
6. Ordene que el adormecimiento y el hormigueo se vaya.

AGORAFOBIA (Véase Desorden de Pánico).

AGUA EN LA RODILLA O CODO (Véase Edema).

AHOGAMIENTO INMINENTE

El ahogamiento es la muerte por asfixia al ser sumergido en el agua. La falta de oxígeno causa que los pulmones y el corazón dejen de funcionar. Después de unos minutos sin oxígeno ocurre el daño cerebral, posiblemente seguido de la muerte. El impartir primeros auxilios inmediatamente puede disminuir el daño permanente y evitar la muerte.

Como ministrar: (Todas las órdenes serán dadas en el nombre de Jesús)

1. Eche fuera el espíritu de muerte.
2. Ordene que el líquido salga de los pulmones.
3. Ordene que el cuerpo reviva.
4. Ordene al cerebro y al cuerpo que funcionen normalmente y sean totalmente sanados.

ALERGIAS

Las reacciones alérgicas son la respuesta inmunológica inapropiada del cuerpo a sustancias normalmente inofensivas que a menudo provienen del medio ambiente. El sistema inmunológico defiende al cuerpo en contra de sustancias externas. No obstante, en personas susceptibles, el sistema inmunológico puede reaccionar a ciertas sustancias que son inofensivas para la mayoría de personas. El resultado es una reacción alérgica.

Aproximadamente una tercera parte de las personas que viven en los Estados Unidos padece cierto tipo de alergias. Las reacciones alérgicas pueden darse cuando las sustancias caen en la piel o en los ojos, al inhalarlas, comerlas o respirarlas. Una alergia estacional (como la fiebre producida por el heno) es causada al exponerse a particular encontradas en el aire de fuentes como el pasto, el polen o los perfumes. Una reacción alérgica también puede ocurrir al ingerir medicina, ciertas comidas, respirar polvo, humo, caspa animal, cambios en las condiciones físicas (como el entrar a una habitación fría o con luz muy brillantes), tocar objetos como cosméticos o jabones.

Las reacciones pueden manifestarse con secreción nasal, picazón leve o dolor de cabeza; otros efectos que pueden ser amenazantes incluyen las dificultades respiratorias, que si no son tratadas inmediatamente pueden llevar a la muerte.

Como ministrar: (Todas las órdenes serán dadas en el nombre de Jesús)
1. Dirígelos en oración de arrepentimiento por las maldiciones generacionales.
2. Imponga manos en la cabeza, ordene que el sistema inmunológico regrese a su estado normal y a todos los tejidos y órganos que sanen y funcionen normalmente.
3. Si no es hereditario, investigue qué ocurrió antes de que empezaran los síntomas y diríjalos en oración de arrepentimiento y perdón.

ALOPECIA (Véase Calvicie).

AMBLIOPÍA (También conocido como Ojo Perezoso)

La ambliopía es una pérdida de la visión en un ojo. Usualmente, esto puede ser trazado hasta la niñez y la falta de uso de ese ojo en particular. Este tipo de pérdida visual es causada por la función anómala del cerebro, no por el ojo. La ambliopía es la causa más común de la pérdida de visión en los niños y se desarrolla solamente durante la niñez. Debe sospecharse de ambliopía si los ojos se voltean hacia adentro o hacia afuera, si los ojos parecen no funcionar juntos, o, si la persona muestra falta de profunda percepción visual.

El estrabismo (ojos virados o bizcos), la miopía, el astigmatismo y las cataratas durante la niñez son las causas comunes de la ambliopía. A medida que un ojo llega a ser dominante y tenga visión normal, las imágenes del ojo más débil son ignoradas por el cerebro y el sistema visual del cerebro falla en desarrollarse apropiadamente. Entre la edad de 5 y 10 años, la condición se vuelve permanente.

Como ministrar: (Todas las órdenes serán dadas en el nombre de Jesús)
1. Ordene que los ojos envíen las señales completas al cerebro.
2. Ordene que el cerebro interprete los mensajes de ambos ojos y que éstos funcionen adecuadamente.
3. Ordene los músculos de los ojos tengan la misma distancia y fuerza, y, que los nervios funcionen normalmente.
4. Ordene que los ojos sean sanados y la visión sea normal.
5. Dirígelos en oración de arrepentimiento por las maldiciones generacionales.

AMIGDALITIS

La amigdalitis es una inflamación de las amígdalas o nodales linfáticos en la parte posterior de la boca y arriba de la garganta, las cuales normalmente desechan las bacterias y previenen la infección en el cuerpo. Si las amígdalas se sobrecogen de bacteria o infección viral, entonces se desarrolla inflamación, dolor al ingerir y un gran dolor en la garganta.

Como ministrar: (Todas las órdenes serán dadas en el nombre de Jesús)
1. Reprenda la infección y ordénele que se vaya.
2. Ordene a las amígdalas que vuelvan a su tamaño y función normales.
3. Ordene que todo dolor se vaya.

ANEMIA (Véase también Anemia Celular).

Las células rojas contienen hemoglobina, una proteína que permite a las células llevar oxígeno a los pulmones y a todas las demás partes del cuerpo. Cuando la cantidad de células rojas es reducida o la cantidad de hemoglobina es baja, la sangre no puede suplir suficiente oxígeno a las células del cuerpo. Sin el oxígeno adecuado, los órganos del cuerpo no funcionan eficazmente y los síntomas de anemia aparecen—debilidad extrema, falta de aire y respiración forzada, labios, piel y uñas pálidos, para nombrar unos cuantos.

La anemia puede ser causada por la falta de vitamina B-12, la cual es esencial para la función normal del sistema nervioso y la producción de las células de la sangre. Las principales fuentes de vitamina B-12 incluyen carne, huevos y productos lácteos. La anemia también puede ser causada por la lenta pérdida de sangre en el cuerpo debido a úlceras en el tracto gastrointestinal, síndrome de irritación intestinal o cáncer. Debido a que las células rojas son producidas en la médula, cualquier problema o mal funcionamiento de la médula puede causar anemia.

Como ministrar: (Todas las órdenes serán dadas en el nombre de Jesús)

1. Ordene que los canales gastrointestinales sean sanados y que absorban y usen adecuadamente las vitaminas y minerales, especialmente la vitamina B-12.
2. Ordene a la médula que funcione normalmente y que produzca la cantidad suficiente para mantener células rojas sanas.
3. Ordene que cualquier fuente de sangrado anómalo sea sanado y que funcione normalmente.
4. Ordene que la sangre vuelva al equilibrio o balance apropiado de pH.

ANEMIA CELULAR

Un tipo anómalo de hemoglobina en las células rojas causa la anemia celular, una enfermedad hereditaria. Las células rojas se deforman, mueren más temprano de lo usual y bloquean las venas más pequeñas con coágulos de sangre. Las células rojas sanas y la hemoglobina son necesarias para llevar oxígeno al cuerpo. Cuando el oxígeno no puede alcanzar las células del cuerpo ocurre un daño a los tejidos, causando una muy dolorosa "crisis celular". Cuando los tejidos dañados están ubicados en un órgano vital, pueden desarrollarse serias complicaciones.

Como ministrar: (Todas las órdenes serán dadas en el nombre de Jesús)

1. Diríjalos en oración de arrepentimiento por las maldiciones generacionales.
2. Eche fuera el espíritu de la anemia celular.
3. Ordene que los genes defectuosos sean restaurados a la normalidad.
4. Ordene que la médula produzca células sanguíneas normales y que los órganos y tejidos afectados sean sanados.

ANEURISMA

El aneurisma es una protuberancia (dilatación en un área débil) en la pared de una arteria, normalmente en la aorta (el vaso sanguíneo principal que lleva la sangre del corazón al cuerpo), pero puede desarrollarse en las otras arterias del cuerpo, como también en el cerebro. La presión de la sangre dentro de la arteria obliga a la parte débil a inflamarse. Si no se trata, un aneurisma romperse, causando un serio sangrado interno.

La causa más común para un aneurisma de la aorta es ateroesclerosis, la cual debilita la pared de la aorta. Las causas menos comunes incluyen heridas, enfermedades inflamatorias de los vasos sanguíneos y algunas enfermedades infecciosas como la sífilis. En las personas mayores, casi todos los aneurismas están asociados a la ateroesclerosis. La alta presión arterial, común en los ancianos, y, el fumar cigarrillos aumentan el riesgo de un aneurisma.

Como ministrar: (Todas las órdenes serán dadas en el nombre de Jesús)

1. Imponga manos en el área afectada, ordene un milagro creativo—nuevas arterias y fuertes paredes.
2. Ordene una restauración a la normalidad en la corriente sanguínea.

ANGINA

La angina es un dolor en el pecho causado por el flujo inadecuado de la sangre a través de los vasos sanguíneos de los músculos del corazón. La angina no es un ataque al corazón, pero puede ser un síntoma de la enfermedad del corazón y si no se trata puede llevar a un ataque cardíaco. La disminución del fluir de la sangre realmente causa un tipo de "calambre" en el músculo del corazón. Si la sangre es cortada o disminuida por un período extendido, las células del corazón morirán. En ese momento, el diagnóstico podría ser un ataque al corazón.

El suministro inadecuado de sangre al corazón puede ser causado, y a menudo lo es, por ateroesclerosis (espesor de la parte interna de las paredes de los vasos sanguíneos).

Como ministrar: (Todas las órdenes serán dadas en el nombre de Jesús)
1. Ordene que los vasos sanguíneos se abran completamente y permitan el suficiente flujo de sangre a los músculos del corazón.
2. Ore pidiendo un nuevo corazón.

ANOREXIA NERVOSA

Una persona con anorexia nervosa tiene una distorsionada imagen del cuerpo, un temor excesivo a la obesidad, se rehúsa a mantener el peso adecuado mínimo, y, en las mujeres hay ausencia de períodos menstruales. Puede que los factores hereditarios jueguen un factor muy importante en el desarrollo de la anorexia nerviosa, aunque los factores sociales también son importantes. El deseo de estar delgados satura a la sociedad occidental y una persona obesa es considera poco atractiva, enferma e indeseable.

Los niños llegan a estar conscientes de estas actitudes desde temprana edad. Dos tercios de todas las chicas adolescentes, desde los doce hasta los dieciocho años, harán dietas o usarán otras medidas extremas para controlar su peso. Ocasionalmente, esto es visto en los adultos. La causa principal parece ser la rebelión como dicen los Salmos. Esto generalmente empieza con palabras de rebelión durante o justo después de la pubertad.

Fueron afligidos los insensatos, a causa del camino de su rebelión y a causa de sus maldades. Su alma abominó todo alimento, y llegaron hasta las puertas de la muerte.
(Salmos 107:17–18)

Como ministrar: (Todas las órdenes serán dadas en el nombre de Jesús)
1. Pídales que se arrepientan de las rebeliones de su adolescencia.

2. Pídales que renuncien a las palabras que enunciaron en rebelión.
3. Eche fuera el espíritu de la muerte y ore pidiendo vida.

ANSIEDAD (VÉASE TAMBIÉN MIEDO Y DESORDEN DE PÁNICO).

La ansiedad es un sentimiento de aprehensión, miedo o desasosiego. La fuente de este sentimiento no siempre es conocida ni reconocida, lo cual puede hacer que la aflicción de la persona aumente. La solución más efectiva es identificar y tratar la fuente del estrés, miedo y ansiedad. Desafortunadamente, esto no es siempre posible. Pregúntele a la persona qué es lo le provoca sentirse "estresado". ¿Hay algo constante en su mente? ¿Qué es lo que más le preocupa? ¿Hay algo en particular que le provoque tristeza o depresión? El hablar con un amigo o un familiar puede ser útil para identificar el incidente o los eventos causantes.

Como ministrar: (Todas las órdenes serán dadas en el nombre de Jesús)
1. Diríjalos en oración para colocar toda preocupación, estrés y ansiedad en el altar de Dios.
2. Diríjalos en oración de arrepentimiento, si fuere necesario.
3. Pida la paz de Dios sobre ellos.

APPESTAT (VÉASE TAMBIÉN OBESIDAD).

El appestat es el centro de control del cerebro para el apetito (o deseo de comida).

ARTERIOSCLEROSIS (TAMBIÉN LLAMADA ATEROESCLEROSIS).

La arteriosclerosis es una condición en la cual los depósitos irregulares de material grasoso se desarrollan en las paredes de las arterias medianas y grandes, llevándolas a reducir o bloquear el flujo sanguíneo. El bloqueo de la sangre puede dañar permanentemente los tejidos y su función. Dentro del corazón, ese bloqueo produce un ataque cardíaco que puede amenazar de muerte. El bloqueo en el cerebro puede causar derrame, parálisis o muerte.

La ateroesclerosis puede afectar las arterias del cerebro, corazón, riñones, otros órganos vitales y las piernas. Es la más importante y el tipo más común de arteriosclerosis, un término general para varias enfermedades, en las cuales la pared de una arteria se vuelve más gruesa y menos elástica a causa debido a los depósitos de grasa.

Como ministrar: (Todas las órdenes serán dadas en el nombre de Jesús)

1. Ordene que el cuello se ajuste.
2. Ordene que todas las arterias sean limpiadas de los depósitos de colesterol y que la elasticidad vuelva a su normalidad.
3. Ordene que todos los bloqueos desaparezcan y que la sangre fluya normalmente a cada parte del cuerpo.
4. Ordene que cualquier tejido u órgano dañado sea sanado y que funcionen normalmente.

ARTRITIS (VÉASE TAMBIÉN OSTEOARTRITIS Y ARTRITIS REUMÁTICA).

La artritis envuelve inflamación de uno o más coyunturas y la ruptura del cartílago que normalmente protege las coyunturas, permitiendo movimientos flexibles. El cartílago también absorbe el choque cuando hay presión en la coyuntura a medida que la persona camina o debido al peso. Sin la cantidad usual del cartílago, los huesos se friccionan, causando dolor, hinchazón e inflexibilidad en las caderas, rodillas o pies. Ésta puede desarrollarse en cualquier coyuntura del cuerpo incluyendo las manos, brazos, cuello y espalda.

Como ministrar: (Todas las órdenes serán dadas en el nombre de Jesús)

1. Eche fuera el espíritu de artritis.
2. Ordene que toda la hinchazón sane y el dolor desaparezca.
3. Ordene que el cartílago se restaure y que las coyunturas funcionen normalmente.
4. Diríjalos en oración de perdón.

ARTRITIS REUMÁTICA (TAMBIÉN LLAMADA AR).

La artritis reumática es una enfermedad inflamatoria crónica que afecta las coyunturas del cuerpo y los tejidos que las rodean, como también otros órganos. Considerada una enfermedad auto-inmunológica, se cree que factores infecciosos, genéticos y hormonales pueden contribuir al desarrollo de AR.

La artritis reumática usualmente empieza con dolor en las coyunturas, acompañado de calentura, inflamación, sensibilidad y endurecimiento de las coyunturas inactivas. Mientras la osteoartritis puede ser aislada a un lado del cuerpo, la AR usualmente afecta por igual las coyunturas en ambos lados del cuerpo.

Las muñecas, los dedos, las rodillas, los pies y los tobillos son los lugares más comúnmente afectados. Las manos con AR tienen característicamente coyunturas agrandadas y deformes. La destrucción de las coyunturas y su deformidad pasan a ser seriamente debilitantes a medida que la enfermedad progresa.

Como ministrar: (Todas las órdenes serán dadas en el nombre de Jesús)
1. Eche fuera el espíritu de artritis reumática.
2. Ordene que toda inflamación sane y que el dolor se vaya.
3. Ordene que el cartílago sea restaurado a su normalidad y que todas las deformidades desaparezcan.
4. Diríjalos en oración de perdón.
5. Ordene que el sistema inmunológico funcione apropiadamente.

ASMA (Véase también EOCP).

El asma es una enfermedad en la cual la inflamación de los canales de aire restringe que el flujo de aire entre y salga de los pulmones. Cuando un ataque de asma ocurre, los músculos bronquiales presionan los canales de aire provocando hinchazón, reducción en el flujo del aire y produciendo características como resollos. La excesiva producción de mucosidad también bloquea los canales de aire. La mayoría de las personas con asma tienen ataques ocasionales, pero pueden sufrir una leve falta de respiración crónica con episodios periódicos que pueden aumentar la dificultad de respiración. Los ataques de asma pueden durar de minutos a días, y pueden llegar a ser peligrosos para la vida si el respirar es restringido severamente por la inflamación de los tejidos o el bloqueo debido a la excesiva producción de mucosidad, lo cual puede agravar el ataque.

Como ministrar: (Todas las órdenes serán dadas en el nombre de Jesús)
1. Diríjalos en oración de arrepentimiento por los pecados de los padres (ancestros).
2. Eche fuera el espíritu de asma.

3. Ore pidiendo sanidad por todos los tejidos del sistema respiratorio, para que los daños a las otras partes del cuerpo sean reparados, y, que funcionen normalmente.
4. Ordene el alineamiento de los brazos.
5. Pida la paz de Dios sobre sus vidas.

ASTIGMATISMO

El astigmatismo es una condición común de los ojos. La cornea no está curveada simétricamente, causando que la visión se mantenga fuera de enfoque. La causa del astigmatismo es desconocida, pero usualmente se presenta desde el nacimiento y con frecuencia ocurre junto con la miopía. Un grado menor de astigmatismo es considerado normal y puede ser corregido con anteojos.

Como ministrar: (Todas las órdenes serán dadas en el nombre de Jesús)
1. Ordene que el espíritu de astigmatismo se vaya.
2. Ordene que el(los) ojo(s) vuelva(n) a su forma apropiada y que la visión vuelva a la normalidad.

ATAQUES DE PÁNICO (Véase Desorden de Pánico).

ATAQUES EPILÉPTICOS (Véase también Epilepsia).

Un ataque epiléptico es una actividad eléctrica repentina y excesiva dentro del cerebro. Anormalmente sincronizados, los mensajes eléctricos enviados desde las células del cerebro a los músculos causan ataques epilépticos o convulsiones, un violento temblor del cuerpo o las extremidades, causado por contracciones musculares incontrolables.

Los síntomas incluyen pérdida de conciencia con contorsiones o convulsiones; sin embargo, algunos ataques consisten solamente de lagunas mentales breves. Ocasionalmente, los ataques pueden causar sensaciones anómalas o molestias visuales temporales.

Las causas conocidas de los ataques epilépticos incluyen: perturbaciones metabólicas (como el malfuncionamiento de los riñones o el hígado; un choque de insulina en los diabéticos), lesión cerebral, circulación sanguínea interrumpida (tales como aneurisma o derrame), sustancias tóxicas (drogas, alcohol), infección (como la meningitis o encefalitis), defectos de nacimiento o tumor cerebral.

Un típico ataque severo causa la pérdida de la conciencia y el desfallecimiento, pérdida del control de los intestinos y la vejiga, y, convulsiones rítmicas. La mayoría de ataques epilépticos severos duran de treinta segundos hasta cinco minutos y posteriormente pueden causar dolor de cabeza, mareo o confusión.

La epilepsia focal envuelve solamente algunos músculos, tales como los del lado de la cara, un brazo o una pierna. La epilepsia es una enfermedad crónica con episodios recurrentes llamados "leves" ataques epilépticos.

Como ministrar: (Todas las órdenes serán dadas en el nombre de Jesús)
1. Diríjalos en oración de arrepentimiento por las maldiciones generacionales.
2. Eche fuera ese espíritu y ordene que se vaya.
3. Ordene que las frecuencias eléctricas y magnéticas funcionen en armonía y balance, y, funcionen normalmente.
4. Ordene un nuevo cerebro.

AUTISMO

El autismo es un complejo desorden del desarrollo que aparece en los primeros años de vida, aunque algunas veces es diagnosticado mucho tiempo después. Esto abarca una amplia variedad de comportamientos y afecta el desarrollo normal del cerebro en las habilidades de comunicación y socialización. Las características comunes del autismo incluyen problemas de interacción social, problemas de comunicación verbal y no verbal, y, patrones de comportamiento restringidos y repetitivos.

Como ministrar: (Todas las órdenes serán dadas en el nombre de Jesús)
1. Gentilmente y con una actitud silenciosa, sujete a la persona, de ser posible.
2. Hable suave pero firme, ordene al espíritu de autismo que se vaya.
3. Imponga manos y ordene un nuevo cerebro y la restauración total del sistema nervioso.
4. Pida la paz de Dios sobre sus corazones y almas.

BÍFIDA ESPINAL

La bífida espinal es un serio defecto congénito. La espina y el canal dorsal no se cierran adecuadamente antes del nacimiento, dejando la médula y sus membranas protectoras sobresaliendo en la espalda del bebé.

Los términos mielomenigocele o bífida espinal abierta pueden ser usados intercambiablemente. En muchos de estos casos el bebé está propenso a infecciones que pueden ser mortales, tales como la meningitis y otros problemas neurológicos como la parálisis, pérdida del control de los intestinos y la vejiga, ataques epilépticos, dificultad en el aprendizaje, como también otras complicaciones médicas.

Como ministrar: (Todas las órdenes serán dadas en el nombre de Jesús)

1. Diríjalos en oración de arrepentimiento por las maldiciones generacionales.
2. Ordene que la espina se cierre completamente.
3. Ordene una nueva espina, si fuere necesario.
4. Ordene cualquier cicatriz de las cirugías desaparezca.
5. Ordene que el cerebro, todos los tejidos nerviosos y los conductos sean totalmente sanados y funcionen normalmente.

BOCIO (Véase también Tiroides).

El bocio es un agrandamiento de la tiroides, glándula ubicada en la garganta. Un bocio NO está asociado con ninguna inflamación o cáncer. Cuando la glándula tiroides no puede producir suficientes hormonas para cumplir con los requisitos del cuerpo, la glándula se agranda para sobrellevar las deficiencias tiroidales. Debido a que el yodo es vital para la formación de la hormona tiroidal, la sal yodada previene esta deficiencia nutricional y merma el incidente del bocio.

Como ministrar: (Todas las órdenes serán dadas en el nombre de Jesús)

1. Diríjalos en oración de arrepentimiento por las maldiciones generacionales.
2. Imponga manos sobre el bocio y ordene que se disuelva.
3. Ordene que las frecuencias eléctricas y magnéticas funcionen en armonía y balance.
4. Ore por una nueva tiroides que funcione normalmente.

BRAZOS Y MANOS

El adormecimiento, hormigueo y dolor en los brazos y las manos son usualmente causados por problemas del cuello, los cuales afectan los nervios y las sensaciones de esas áreas. El aumento de tensión, heridas y daño a los nervios, músculos y espina dorsal pueden contribuir a los problemas en las extremidades superiores.

Como ministrar: (Todas las órdenes serán dadas en el nombre de Jesús)

1. Ordene el alineamiento de los brazos.
2. Ordene que el cuello se ajuste.
3. Ordene a los nervios que restauren su estructura y función normales.
4. Ordene que el adormecimiento, hormigueo y dolor desaparezcan.
5. Diríjalos en oración para colocar toda preocupación, estrés y ansiedad en el altar de Dios.

BRONQUITIS

La bronquitis es una inflamación o infección de los conductos principales de aire a los pulmones (bronquios). La bronquitis puede ocurrir repentinamente y durar un corto tiempo, o puede volverse crónica. Para poder ser clasificada como crónica, la bronquitis debe causar tos con producción de mucosidad la mayor parte de los días del mes por tres meses del año. El proceso de la enfermedad puede cambiar la función normal del cuerpo, y, por lo general ocurre así.

Como ministrar: (Todas las órdenes serán dadas en el nombre de Jesús)

1. Reprenda la infección.
2. Imponga manos en la parte superior del pecho y en la garganta, ordene a los tejidos de los tubos bronquiales y pulmones que sean sanados y funcionen normalmente.
3. Diríjalos en oración de arrepentimiento por palabras impías que hayan sido enunciadas, si fuere necesario.

BULIMIA

La bulimia es una enfermedad caracterizada por episodios recurrentes e incontrolables de comer excesivamente. Luego de esto, la persona acostumbra vomitar o usar laxantes para prevenir que la comida se quede en el cuerpo donde puede ser absorbida, almacenada como grasa y aumentar de peso. Puede que muchas personas con bulimia padezcan también de anorexia nervosa, un desorden alimenticio que conlleva la severa pérdida de peso y puede llevar hasta la inanición.

Como ministrar: (Todas las órdenes serán dadas en el nombre de Jesús)
1. Diríjalos en oración de arrepentimiento por su rebeldía de adolescencia.
2. Pídales renunciar a las palabras dichas en rebeldía.
3. Ore pidiendo sanidad de las áreas dañadas del cuerpo por el irregular comportamiento alimenticio.

BURSITIS

La bursitis es una inflamación aguda y crónica del líquido de los tejidos gruesos o fibrosos llenos de líquido, éstos se encuentran entre los tendones y los huesos. Estos sacos (llamados bursas) ayudan al movimiento y reducen la fricción entre las partes movibles. La bursitis puede desarrollarse por el uso crónico excesivo, un trauma, la artritis reumática o una infección. Comúnmente, la bursitis ocurre en el hombro, la rodilla, el codo y la cadera. El tendón de Aquiles y los pies pueden ser otras de las áreas afectadas.

Como ministrar: (Todas las órdenes serán dadas en el nombre de Jesús)
1. Reprenda al espíritu de bursitis.
2. Diríjalos en oración de perdón, si fuere necesario.
3. Imponga manos sobre el área afectada y ordene que toda la inflamación y el dolor desaparezcan.
4. Ordene a los tejidos que sean sanados y que se produzca el líquido normal para que hayan movimientos sin dolor en las coyunturas.

CALLOS

Los callos son capas gruesas de piel causados por la repetida presión o fricción. Un callo es la piel gruesa encima o a un lado de un dedo, usualmente causado por un zapato que no talla bien. Los callos pueden ser muy dolorosos si se tocan.

Un callo es también la piel gruesa de las manos o las plantas de los pies. El hecho de que la piel se va haciendo más gruesa es una reacción protectora para prevenir que la piel se rompa por la repetida fricción a esa área. Los callos pueden ser removidos por un podiatra calificado, pero pueden volver.

Como ministrar: (Todas las órdenes serán dadas en el nombre de Jesús)

1. Imponga manos sobre el área afectada, ordenando a los callos que se desprendan y no vuelvan.
2. Ordene que los callos sean reemplazados por un tejido sano.

CÁLCULOS

Los cálculos [o piedras] biliares se forman dentro de la vesícula, un órgano que almacena la bilis, un jugo digestivo producido por el hígado. Si la concentración de los componentes biliares cambia, se pueden formar cálculos. Los cálculos pueden ser tan pequeños como un grano de arena y tan grandes como de hasta una pulgada de diámetro.

Frecuentemente, los cálculos biliares no presentan síntomas y generalmente son descubiertos incidentalmente por medio de un examen de rayos-X rutinario. Si el cálculo pasa por un conducto biliar pequeño, eso puede provocar un doloroso ataque a la vesícula.

Como ministrar: (Todas las órdenes serán dadas en el nombre de Jesús)

1. Imponga manos sobre el área de la vesícula, ordenando que los cálculos se disuelvan.
2. Ordene que la vesícula sea sanada y funcione normalmente.

CÁLCULOS EN LOS RIÑONES

Los cálculos [o piedras] renales se forman en el centro de los riñones. A medida que la orina producida por los riñones pasa de éstos a la vejiga, ésta echa las piedras fuera del cuerpo. Si el cálculo aumenta de tamaña, el pasar de los riñones a la vejiga puede ser difícil y muy doloroso. Los cálculos anormales pueden causar daño a todas las áreas del sistema urinario

Como ministrar: (Todas las órdenes serán dadas en el nombre de Jesús)

1. Diríjalos en oración de arrepentimiento por las maldiciones generacionales.

2. Ordene que las piedras se disuelvan y pasan por los conductos afuera del cuerpo.
3. Ordene que el dolor se vaya.
4. Ordene que los riñones y todos los tejidos dañados sean sanados y restaurados a su función normal.

FALLA DE LOS RIÑONES (TAMBIÉN CONOCIDO COMO ÚLTIMA ETAPA DE LA ENFERMEDAD RENAL O FALLA RENAL)

La falla de los riñones indica que éstos no pueden funcionar normalmente. Los riñones dañados no pueden filtrar los desechos líquidos, excremento, concentración de orina o conservar las sustancias vitales para la salud total del cuerpo. La diabetes, hipertensión, toxinas, medicamentos y enfermedades severas pueden causar las fallas renales y la UEER (última etapa de la enfermedad renal).

Numerosas complicaciones resultan de esta condición, incluyendo la falla congestiva del corazón y la muerte. La diálisis es el tratamiento inmediato con un transplante de riñón como necesidad posible para mantener la vida.

Como ministrar: (Todas las órdenes serán dadas en el nombre de Jesús)

1. Ordene por un milagro creativo o "por un nuevo riñón" para el cuerpo.
2. Eche fuera el espíritu de muerte.
3. Ordene que las frecuencias eléctricas y magnéticas funcionen en armonía y balance.
4. Ordene que el líquido excesivo y las impurezas salgan del cuerpo.
5. Diríjalos en oración de arrepentimiento por las maldiciones generacionales.
6. Ordene que todas las partes del cuerpo que han sido afectadas por la enfermedad de los riñones sean sanadas y funcione normalmente.

CALVICIE (TAMBIÉN LLAMADA ALOPECIA)

La pérdida parcial o total del cabello es llamada alopecia. La pérdida del cabello usualmente ocurre gradualmente a medida que la persona avanza en edad. Normalmente, un cabello sobrevive un promedio de cuatro años y medio, crece cerca de media pulgada al mes, se cae y es reemplazado por uno nuevo en un período de seis meses. La calvicie genética es causada por la falla del cuerpo para producir nuevo cabello y no por la excesiva pérdida de cabello. La pérdida del cabello puede ser causada por el daño a los folículos del cabello debido a lesiones, medicamentos o enfermedades, como también por la quimioterapia contra el cáncer.

Como ministrar: (Todas las órdenes serán dadas en el nombre de Jesús)

1. Ordene sanidad para los folículos del cabello y para que la sangre que fluya normalmente.
2. Ordene la restauración del cabello a la cantidad normal.
3. Diríjalos en oración de arrepentimiento por las maldiciones generacionales.

CÁNCER (Véase también Cáncer de Seno, Tumor, Cáncer del Colon y el Recto, y Leucemia).

El cáncer es el crecimiento incontrolable de células anómalas que permutan de los tejidos normales dentro del cuerpo. Estas células anormales pueden matar cuando la función normal de los órganos vitales es interrumpida. Ellas pueden esparcirse por todo el cuerpo, dañando los sistemas esenciales. El cáncer se desarrolla de las células normales de casi cualquier órgano o tejido del cuerpo, incluyendo pulmones, colon, seno, piel, huesos o nervios. Hay numerosos tipos de enfermedades catalogadas como cáncer, las cuales afectan a personas de todas las edades.

Como ministrar: (Todas las órdenes serán dadas en el nombre de Jesús)

1. Maldiga la raíz de las células cancerosas y eche fuera el espíritu de cáncer.
2. Diríjalos en oración de arrepentimiento por las maldiciones generacionales.
3. Diríjalos en oración de arrepentimiento por la amargura o falta de perdón, si fuere necesario.
4. Ordene que las frecuencias eléctricas y magnéticas funcionen en armonía y balance.

5. Maldiga los priones y ordéneles que se disuelvan y sean descartados por el cuerpo.
6. Ordene que las células defensivas ("asesinas") del cuerpo se multipliquen y destruyan todas las células cancerosas.
7. Ordene la sanidad de cualquier tejido u órgano dañado que se su funcionamiento normal sea restaurado.

CÁNCER DEL COLON Y EL RECTO (VÉASE TAMBIÉN CÁNCER, TUMOR).

El colon y el recto son partes del intestino grueso. El cáncer del colon y el recto, al que se refiere algunas veces como a "cáncer colorectal", se desarrolla en el revestimiento del intestino grueso. Se le conoce como el carcinoma al cáncer que se desarrolla en la superficie de un órgano.

Otros tipos de cáncer incluyen los linfomas, carcinoides, tumores, melanomas y sarcomas. Aunque el cáncer colorectal es la segunda causa de mortalidad causada por cáncer, si se descubre a tiempo por medio de exámenes regulares, esta enfermedad es completamente tratable. No hay una causa exacta para el cáncer del colon. No obstante, muchos de éstos comienzan como pólipos benignos y con el tiempo se convierten en cáncer.

Como ministrar: (Todas las órdenes serán dadas en el nombre de Jesús)

1. Maldiga la raíz de las células cancerosas y eche fuera el espíritu de cáncer.
2. Diríjalos en oración de arrepentimiento por las maldiciones generacionales.
3. Diríjalos en oración de arrepentimiento por la amargura o falta de perdón, si fuere necesario.
4. Ordene que las frecuencias eléctricas y magnéticas funcionen en armonía y balance.
5. Maldiga los priones y ordéneles que se disuelvan y sean descartados por el cuerpo.
6. Ordene que las células defensivas ("asesinas") del cuerpo se multipliquen, ataquen y destruyan todas las células cancerosas.
7. Ordene la sanidad de todos los tejidos dañados y que funcionen normalmente.

CÁNCER DE SENO (Véase también Cáncer, Tumor).

Uno masa anómala en el seno es usualmente diagnosticada como absceso (o tumor). Esto puede ser un tumor benigno (inofensivo), el cual puede ser extirpado con facilidad. Sin embargo, un tumor maligno puede extenderse a otras partes del cuerpo, destruyendo los tejidos y órganos adyacentes, como también las funciones del cuerpo. Este absceso anómalo de tejidos hallados en el seno es llamado cáncer de seno, el segundo cáncer más común que afecta a las mujeres en los Estados Unidos. Aunque esto es más común en las mujeres, el cáncer de seno también puede desarrollarse en los hombres.

Como ministrar: (Todas las órdenes serán dadas en el nombre de Jesús)

1. Maldiga y eche fuera el espíritu de cáncer.
2. Diríjalos en oración de arrepentimiento por las maldiciones generacionales.
3. Diríjalos en oración de arrepentimiento por la amargura o falta de perdón, si fuere necesario.
4. Ordene que las frecuencias eléctricas y magnéticas funcionen armonía y el balance.
5. Maldiga los priones y ordéneles que se disuelvan y sean descartados por el cuerpo.
6. Ordene que todos los tejidos dañados se restauren a células sanas.

CÁNDIDA ALBICANS (También llamada Infección Vaginal)

La levadura en una parte importante del proceso digestivo dentro del cuerpo. Sin embargo, bajo algunas circunstancias, puede crecer excesivamente y causar problemas. Cuando eso ocurre es considerada una infección. Un hongo (levadura) que afecta las membranas mucosas del cuerpo es generalmente la causa de una infección vaginal. Es agravada al ingerir mucho azúcar y es la causa de la ubrera (una forma de cándida) en los recién nacidos. También es empeorada por antibióticos, píldoras anticonceptivas o uso de esteroides. Ésta puede ocurrir en áreas de la piel que son obscuras, cálidas y húmedas. Aunque usualmente es encontrada en las mujeres [y se le llama candidiasis vaginal], la cándida también puede afectar a los hombres.

Como ministrar: (Todas las órdenes serán dadas en el nombre de Jesús)
1. Reprenda la infección.
2. Ordene que los sistemas del cuerpo sean restaurados a su función normal y que los niveles de levadura también sean normales.
3. Diríjalos en oración de arrepentimiento para romper palabras de maldición enunciadas.

CATARATAS

Normalmente, los lentes de los ojos son claros. Si los lentes se vuelven borrosos, esa condición es conocida como catarata. Las cataratas pueden progresar o "crecer" hasta que ocurra la ceguera. Pueden ser removidas quirúrgicamente.

Las cataratas de los adultos se desarrollan usualmente con el avance de la edad, puede ser algo que corra en la familia y se aceleran por factores del medioambiente tales como el fumar o el estar expuesto a otras sustancias tóxicas. Pueden desarrollarse después de una lesión visual. Las enfermedades metabólicas, como la diabetes, también aumentan el riesgo de desarrollar cataratas. Las cataratas congénitas pueden ser hereditarias y se presentan en el momento de nacer o poco después de ello.

Como ministrar: (Todas las órdenes serán dadas en el nombre de Jesús)
1. Imponga manos en los ojos y ordene a las cataratas que se disuelvan.
2. Ordene a la sangre y a los líquidos que fluyan por las capas del ojo normalmente.
3. Diríjalos en oración de arrepentimiento por las maldiciones generacionales.

CEGUERA

La ceguera es pérdida de la visión, algo que no es corregible con anteojos. La ceguera puede ser parcial (algunos objetos o formas pueden ser distinguidos) o completa (no hay percepción de la luz). Las personas con problemas de más de 20/200 son considerados legalmente ciegos.

La ceguera tiene muchas causas. En los Estados Unidos, las causas principales incluyen la diabetes, glaucoma, degeneración macular o heridas y accidentales (quemaduras químicas, saltos de cuerdas elásticas, ganchos de la caña de pescar, fuegos pirotécnicos, pelotas de raquetas y objetos similares). Las estadísticas mundiales indican que las causas principales de la ceguera son las cataratas, oncocercosis (ceguera del río), tracoma (una enfermedad bacterial contagiosa), lepra, y deficiencia de vitamina A.

Como ministrar: (Todas las órdenes serán dadas en el nombre de Jesús)
1. Si la causa es conocida, trátela específicamente (como glaucoma, cataratas, infección, retina distanciada, etc.).
2. Eche fuera el espíritu de ceguera.
3. Ordene sanidad para los ojos y perfecta restauración de la vista.
4. Ordene un milagro creativo para los nervios, la estructura de los ojos y el cerebro.

CIÁTICA

La ciática es una condición que conlleva dolor, debilidad, adormecimiento u hormigueo en las piernas. Usualmente, esto es causado por una lesión o compresión en el nervio ciático localizado en el parte posterior de la pierna. Este nervio controla los músculos de la parte posterior de la rodilla y pantorrilla, y, da una sensación a la parte posterior del muslo, parte de la pantorrilla y la planta del pie. También controla los músculos en la parte posterior de la rodilla y la parte inferior de la pierna que provee una sensación en la parte posterior del muslo del pie. Daños parciales a este nervio puede ser idénticos al daño de las ramificaciones de los nervios ciáticas.

Los problemas pueden desarrollarse debido a fracturas de la pelvis, traumas en los glúteos o muslos, la prolongación de estar sentado o acostado, algo que también causa presión en los glúteos; también pueden ser causados por diabetes, tumor, absceso o sangrado en la pelvis. NOTA: Una ruptura del disco lumbar en la espina dorsal puede causar síntomas muy similares a los del mal funcionamiento del nervio ciático.

Como ministrar: (Todas las órdenes serán dadas en el nombre de Jesús)
1. Ordene el alineamiento de las piernas.
2. Ordene que la vértebra lumbar y el os sacrum [hueso sacro]

regresen a su alineamiento normal y que los músculos que los soportan sean fortalecidos.

3. Ordene que los discos regresen a su lugar y liberen de toda presión a los nervios.
4. Ordene que el espíritu de ciática se vaya y que el nervio sea liberado.
5. Diríjalos en oración de arrepentimiento, si fuere necesario.

CICATRICES, QUELOIDES, ADHESIONES

Una cicatriz es una marca en la piel después que una herida, quemadura o llaga ha sanado. A menudo las cicatrices desaparecen con el tiempo.

Los queloides son un crecimiento anormal de tejido cicatrizado en el lugar de la herida, como incisiones quirúrgicas, heridas traumáticas, vacunas, varicela, acné e incluso un rasguño menor. Después de varios años, muchos queloides se comprimen y se vuelven menos notorios; sin embargo, pueden irritarse por el roce o la fricción. El tener demasiados queloides puede severamente limitar el movimiento y pueden ser debilitantes. Ellos pueden causar cambios cosméticos y afectar la apariencia.

Usualmente después de una cirugía, inflamación o lesión aparecen las adhesiones, unión anormal de partes del cuerpo u órganos normalmente desconectados dentro del cuerpo. Los tejidos afectados se unen a otros órganos, muy parecido al proceso de formación de cicatrices.

Las adhesiones del iris en el lente del ojo pueden llevar a glaucoma. En los intestinos, las adhesiones pueden causar obstrucción parcial o completa, necesitando emergencia inmediata para salvar la vida. Las adhesiones en los intestinos inferiores pueden causar infertilidad y problemas reproductivos.

Como ministrar: (Todas las órdenes serán dadas en el nombre de Jesús)
1. Ordene que los tejidos cicatrizados sean sanados.
2. Ordene que todos los órganos y sus estructuras sean sanados y funcionen normalmente.

CIGARRILLOS (Véase también Adicciones).

CÓCCIX (Hueso de la Rabadilla)

El trauma al cóccix es una lesión en la punta inferior de la espina dorsal. Este trauma normalmente conlleva moretones en el hueso o el torcer los ligamentos adyacentes. Una caída sobre una superficie dura, como en el piso resbaloso o sobre hielo, es la causa más común de esta lesión. Estas lesiones son dolorosas y hacen que el estar sentado se muy incómodo sino imposible.

Como ministrar: (Todas las órdenes serán dadas en el nombre de Jesús)
1. Ordene que el hueso de la rabadilla regrese a su lugar normal.
2. Ordene que cualquier fractura, moretón o hinchazón sea sanada.
3. Ordene que todo el dolor se vaya.

CODO DE TENIS

El codo de tenis es una inflamación, con dolor en la parte superior del brazo cerca de los codos. Puede haber una desligación parcial del tendón fibrosa como la conexión del músculo al hueso cerca del punto de origen en la parte de de afuera del codo.

Esta lesión es causada por el torcimiento repetitivo de la muñeca o del brazo. La fractura es clásica asociación con jugar tenis por la actividad que envuelve doblamiento de la muñeca que a su vez resulta en esta condición.

Como ministrar: (Todas las órdenes serán dadas en el nombre de Jesús)
1. Ordene que la inflamación y el dolor se vaya.
2. Ordene que los músculos, tendones y ligamentos sean sanados y regresen a su estado normal.
3. Diríjalos en oración de arrepentimiento, si fuere necesario.

COLESTEROL ALTO (También llamado Hiperlipidemia).

El colesterol es una sustancia que se encuentra en todas las partes de los tejidos del cuerpo humano y animal. Llamado lípido (grasa en la sangre), es producido en el hígado para las funciones normales del cuerpo, incluyendo la producción de hormonas, el ácido biliar y la vitamina D. La sangre transporta colesterol a todas las partes del cuerpo.

El hígado produce suficiente colesterol para las necesidades corporales. El colesterol es hallado en los alimentos que provienen de fuentes animales, tales como huevos, carne, aves y productos lácteos. El ingerir demasiada grasa saturada (la cual se convierte en colesterol), puede ser dañino para nuestra salud. El colesterol alto puede contribuir al desarrollo de arteriosclerosis, la cual a su vez lleva a desórdenes tales como el derrame o el ataque al corazón. (Véase también Arteriosclerosis).

Como ministrar: (Todas las órdenes serán dadas en el nombre de Jesús)

1. Diríjalos en oración de arrepentimiento por llevar una dieta inadecuada, si fuere necesario.
2. Ordene al nivel del colesterol volver al nivel normal y al cuerpo retener solamente la cantidad necesaria.
3. Imponga manos en la cabeza de la persona, ordenando que rodas las partes del cuerpo que pueden ser potencialmente dañadas (arterias, corazón, etc.) sean sanadas y funcionen normalmente.

COLITIS

La colitis es una inflamación del intestino grueso que puede ser causada por una serie de diferentes procesos de enfermedades incluyendo infecciones agudas y crónicas, desórdenes inflamatorios (como la colitis con úlceras o la enfermedad de Crohn), interrupción o falta de flujo de sangre y/o historia de radiación al intestino grueso.

Como ministrar: (Todas las órdenes serán dadas en el nombre de Jesús)

1. Ordene el alineamiento de las piernas (Haga el ajuste de piernas).
2. Ordene que los nervios, tejidos y músculos del colon funcionen normalmente.
3. Ordene que toda la inflamación se vaya y que el colon sea sanado.
4. Diríjalos en oración para colocar toda ansiedad, estrés y preocupación en el altar de Dios.

COMA

Esta condición se refiere al estado de inconciencia de una persona. Las causas pueden incluir intoxicación (drogas, alcohol o toxinas), anomalías metabólicas, ataques epilépticos, lesiones en la cabeza, sobresaltos, falta de oxígeno y baja presión arterial. Los episodios inusuales e inesperados de pérdida de la conciencia gradual, lipotimia y coma requieren de la pronta atención médica y de una evaluación profesional.

Como ministrar: (Todas las órdenes serán dadas en el nombre de Jesús)

1. Eche fuera el espíritu de muerte de las células cerebrales.
2. Imponga manos en la cabeza, ordenando que el cerebro sea sanado.
3. Ordene un milagro creativo para todo el tejido cerebral dañado (el tejido cerebral no se regenera por sí sólo).
4. Ordene al cuerpo y a todos sus órganos que funcionen normalmente y que la persona vuelva a la conciencia.

CONGESTIÓN NASAL (Véase Nariz).

CORAZÓN

Esto incluye cualquier problema del corazón.

Arritmia del Corazón

Una arritmia es un desorden del patrón en la palpitación o ritmo cardíaco. El ritmo del corazón puede ser muy lento, muy rápido, con latidos extra, con menos latidos o simplemente palpitar irregularmente.

Hay muchas causas; no obstante, todas están relacionas a las disfunciones eléctricas del corazón. Los nombres de los ritmos más comunes del corazón son: Fibrilación atrial, bradicardia, taquicardia atrial, taquicardia ventricular, "palpitación intermitente", bloqueo del corazón o síndrome Wolf-Parkinson-White (WPW).

Las causas de arritmias oscilan entre ataques al corazón, desequilibrio metabólico, efectos secundarios de medicamento, falta de oxígeno, alta presión arterial, defectos congénitos del corazón, válvulas del corazón anómalas, enfermedades de los pulmones, estimulantes del corazón como la cafeína, el tabaco o el alcohol, estrés o infecciones virales, enfermedad de la arteria coronaria hasta arteriosclerosis.

ATAQUE AL CORAZÓN

El ataque al corazón (también llamado infarto del miocardio o IM) ocurre cuando un área muscular del corazón muere o ha sido permanentemente dañada por una cantidad inadecuada de oxígeno en esa área.

La mayoría de los ataques cardíacos son causados por coágulos sanguíneos que bloquean una de las arterias coronarias (venas que llevan sangre y oxígeno al músculo del corazón). La acumulación de placa dentro de la pared de una arteria coronaria (arteriosclerosis) provoca la formación de un coágulo sanguíneo, el cual, a su vez, interrumpe el flujo y suministro de sangre al músculo del corazón, causando la muerte de las células en esa área. El músculo del corazón dañado pierde su habilidad para bombear sangre al cuerpo y a los pulmones.

A medida que el daño aumenta, se puede desarrollar la falla congestiva del corazón. El tratamiento rápido con medicamentos o cirugía pueden evitar la muerte.

DEFECTOS CONGÉNITOS DEL CORAZÓN

Esto se refiere a un defecto del corazón presente desde el nacimiento. Algunos defectos del corazón incluyen unos orificios en los músculos del corazón que ya sea no deben estar ahí o debieron cerrarse al nacer, pero no cerraron. Otros defectos que afectan las válvulas del corazón pueden causar numerosas complicaciones y son a menudo amenazantes para la vida de un bebé. Ellos necesitarán un corazón nuevo.

ENFERMEDAD DE LAS VÁLVULAS DEL CORAZÓN

La enfermedad de las válvulas del corazón se refiere a cualquier condición de las cuatro válvulas coronarias: la válvula mitral, la válvula aórtica, la válvula tricúspide, y la válvula pulmonar. Tales condiciones pueden incluir la regurgitación valvular (la válvula se cierra inadecuadamente permitiendo la filtración de sangre) y la estenosis (adelgazamiento o endurecimiento de una válvula que restringe el flujo de sangre. Con frecuencia el reemplazo quirúrgico es necesario. Estos problemas pueden ser causados por infección u otros procesos de enfermedades. Numerosas funciones del cuerpo pueden ser afectadas por la enfermedad de las válvulas del corazón. Esto puede llevar a la falla congestiva coronaria, arritmias, endocarditis (inflamación del tejido del corazón), edema pulmonar y paro cardíaco (el corazón deja de latir, lo que podría llevar a la muerte).

Como ministrar: (Todas las órdenes serán dadas en el nombre de Jesús)

1. Ordene un milagro creativo o "un nuevo corazón" en el cuerpo.
2. Eche fuera el espíritu de muerte.
3. Ordene que las frecuencias eléctricas y magnéticas funcionen en armonía y balance.
4. Ordene que todo el exceso de líquido salga del cuerpo y que la respiración sea normal.
5. Diríjalos en oración de arrepentimiento por su estilo de vida y dieta inadecuada, si fuere necesario.
6. Diríjalos en oración de arrepentimiento por las maldiciones generacionales.
7. Ordene que las otras partes que pudieran haber sido afectadas por el daño o enfermedad del corazón sean sanadas y funcionen normalmente.
8. Diríjalos en oración de arrepentimiento para romper palabras de maldición enuncias.

ENFERMEDAD DEL CORAZÓN

La enfermedad del corazón [o enfermedad coronaria] incluye cualquier desorden que afecta la habilidad del corazón para funcionar normalmente. La causa más común de la enfermedad del corazón es el adelgazamiento o bloqueo de las arterias coronarias, las cuales suplen de sangre al corazón mismo. Esto pasa lentamente. Cierto tipo de enfermedad del corazón puede hacerse presente desde el nacimiento (las enfermedades congénitas del corazón).

Otras causas incluyen: Hipertensión, función anormal de las válvulas del corazón, ritmo eléctrico anormal del corazón o debilitación de la función de bombear el corazón es causada por bloqueo de las arterias coronarias, infección o toxinas.

FALLA DEL CORAZÓN

También llamado falla congestiva del corazón, la falla del corazón es un desorden en el cual el corazón pierde su habilidad de bombear sangre eficientemente a todo el cuerpo. El corazón no puede suplir a los órganos vitales del cuerpo con suficiente sangre para cumplir con los requisitos de nutrición y oxígeno necesarios. El líquido, entonces, se regresa a los pulmones y causa problemas respiratorios. También puede regresar a otras áreas del cuerpo causando problemas de inflamación (edema) en las piernas.

El término "falla del corazón" no debe ser confundido con paro cardíaco, ya que en este último el corazón realmente deja de latir. La falla del corazón es una condición casi siempre crónica y de largo plazo, aunque puede a veces desarrollarse repentinamente. La falla congestiva del corazón puede ser controlada con medicina y dieta.

COYUNTURAS TEMPORA-MANDIBULARES

Las coyunturas tempora-mandibulares conectan la parte inferior de la mandíbula con el cráneo en cada lado de la cabeza, en frente de los oídos. Síntomas de algunos problemas pueden ser el sonido de la quijada cuando se destempla, inhabilidad de abrir completamente la boca, dolor mandibular, dolores de cabeza, dolores de oído, dolores de dientes y varios tipos de dolores faciales.

Muchos síntomas de CTM son causados por los efectos de estrés físico o anormalidades alrededor de las coyunturas que incluyen los músculos de la mandíbula, cara y cuello; los cartílagos en las coyunturas y ligamentos adyacentes, vasos sanguíneos y nervios.

El presionar o rechinar los dientes durante el día y la noche causa presión en los músculos, tejidos y otras estructuras alrededor de la mandíbula y puede empeorar la condición o los síntomas de CTM.

Como ministrar: (Todas las órdenes serán dadas en el nombre de Jesús)

1. Diríjalos en oración de arrepentimiento por las maldiciones generacionales.
2. Ordene que la mandíbula regrese a su lugar y que el dolor se vaya.
3. Ordene que los tejidos, ligamentos y cartílagos regresen sean sanados y se ajusten al alineamiento adecuado.
4. Diríjalos en oración de arrepentimiento para romper palabras de maldición enunciadas.

DAÑO CEREBRAL

El cerebro se puede dañar durante el nacimiento, por una lesión, accidente, enfermedad (como un derrame o tumor) o por falta de oxígeno (al ahogarse nadando o por sofocación). Esas lesiones cerebrales y los nervios que éste controla causan la pérdida de función cerebral (retardación, confusión y pérdida de memoria), inhabilidad para controlar las funciones corporales o movilidad de los brazos y piernas, parálisis, pérdida del habla o inhabilidad para ingerir sin problemas.

Como ministrar: (Todas las órdenes serán dadas en el nombre de Jesús)
1. Imponga manos en la cabeza, ordenando un milagro creativo— "un nuevo cerebro".
2. Ordene a todos los nervios que funcionen normalmente y cualquier memoria pérdida se restaure.
3. Si es causado por un derrame, ordene al espíritu de la muerte que se vaya.

DEDOS DE MARTILLO

Los dedos de martillo es una deformidad en la cual la punta de los dedos de los pies se dobla hacia adentro. Aunque normalmente esta condición afecta al segundo dedo, también puede afectar los otros dedos. El dedo afectado asume una posición como de garra. Esta condición puede ocurrir como resultado de la presión de un juanete. Los dedos de martillo pueden ser provocados por usar zapatos que no tallan bien.

Como ministrar: (Todas las órdenes serán dadas en el nombre de Jesús)
1. Ordene que los 26 huesos del pie vuelvan a su posición normal.
2. Ordene que todos los tendones, ligamentos y músculos vuelvan a su tamaño y fuerza normal.
3. Ordene el alineamiento de las piernas y ordene que los nervios sean restaurados en la columna espinal.
4. Diríjalos en oración de arrepentimiento, si fuere necesario.

DEDOS DE PICHÓN

También llamado pies metidos, este es término describe a una persona cuyos pies o dedos se giran hacia adentro. Esta anormalidad puede ser causada porque los pies, el fémur o la cadera se voltean hacia adentro. A menudo, los bebés al nacer parecen tener pies de pichón debido a su posición en el vientre. Normalmente se puede observar que esto desaparece cuando los niños crecen y están cerca de la edad para asistir a la escuela.

Como ministrar: (Todas las órdenes serán dadas en el nombre de Jesús)

1. Diríjalos en oración de arrepentimiento por las maldiciones generacionales.
2. Ordene que los huesos de la pelvis se volteen hacia afuera y vuelvan a su posición normal, y, que los huesos de las piernas y pies se enderecen y funcionen en perfecto alineamiento.

DEGENERACIÓN MACULAR

La degeneración macular causa disminución y posible pérdida de la visión central. La macula es la parte central de la retina, la cual permite al ojo ver los detalles más pequeños en el centro del campo de visión.

Aunque se pierda la visión central, los campos periféricos se mantienen. Puede que la habilidad para leer y conducir se haya ido; sin embargo, la enfermedad no lleva a una ceguera completa.

Como ministrar: (Todas las órdenes serán dadas en el nombre de Jesús)

1. Imponga manos sobre los ojos. Ore pidiendo un milagro creativo y ordene por una nueva retina y que la mácula sea restaurada totalmente.
2. Diríjalos en oración de arrepentimiento por las maldiciones generacionales.
3. Ordene que los filtros de la sangre en el ojo funcionen adecuadamente.

DEPRESIÓN

La depresión puede ser descrita como un sentirse triste, melancólico, infeliz, miserable o "abatido". La mayoría de las personas se siente así en algún momento u otro. Mas la depresión clínica es un desorden en el cual la ansiedad, la pérdida, el enojo o la frustración interfieren en la vida cotidiana por un largo período de tiempo.

Generalmente, la depresión puede ser leve, moderada o severa y puede durar de unas horas a varios días u años. Algunos síntomas incluyen el insomnio, el dormir demasiado, un cambio drástico en el apetito, fatiga, falta de energía, agitación, inquietud, irritabilidad, inactividad, aislamiento de las actividades usuales, sentido de desesperanza y pensamientos recurrentes de muerte o suicidio.

La baja autoestima es común en la depresión. Como también el enojó repentino y la falta de agrada en las actividades que usualmente causaban gozo y felicidad. Por lo general, el episodio depresivo es provocado por un evento estresante, infortunado o traumático.

Como ministrar: (Todas las órdenes serán dadas en el nombre de Jesús)
1. Tome su tiempo y ámelos con el amor del Señor.
2. De ser posible, identifique la causa y cuándo comenzó.
3. Diríjalos en oración de arrepentimiento o perdón, si fuere necesario.
4. Ordene que las frecuencias eléctricas y magnéticas funcionen en armonía y balance.
5. Con su mano en el corazón de ellos, ordene que el espíritu de depresión se vaya.
6. Pida paz y gozo para ellos.

DEPRESIÓN POSTPARTO (VÉASE TAMBIÉN DEPRESIÓN).

Debido a los numerosos y grandes cambios en la vida de la nueva mamá, las primeras semanas después de dar a luz pueden ser muy desafiantes para todos los que están asociados al evento. Los cambios de hormonas y peso, como también la falta de dormir, afectan a la madre directamente; no obstante, la relación con los otros hijos, el padre del bebé, sus propios padres y suegros, colegas de trabajo y amigos adhieren al estrés. Todos estos factores estresantes contribuyen al cambio de temperamento en el postparto y la depresión. A esto comúnmente se le llama "melancolía infantil" [o melancolía pueril].

Como ministrar: (Todas las órdenes serán dadas en el nombre de Jesús)
1. Ordene que las hormonas regresen a su balance.
2. Ordene que las frecuencias eléctricas y magnéticas funcionen en armonía y balance.
3. Diríjalos en oración de de arrepentimiento para romper palabras de maldición enunciadas.

4. Eche fuera el espíritu de postparto.
5. Pida la paz de Dios sobre ellos.

DERMATITIS

La dermatitis es una inflamación de la piel.

Como ministrar: (Todas las órdenes serán dadas en el nombre de Jesús)
1. Reprenda la infección e irritación.
2. Ordene que la comezón se detenga.
3. Ordene que las células que producen la piel formen tejidos nuevos y sanos.

DESORDEN BIPOLAR (También conocida como Depresión Maniática).

El desorden bipolar (DB) es un malfuncionamiento del cerebro que causa cambios de estado de ánimo impredecibles. Las personas con DB pasan desde un momento emocional alto (conocido como manía) a uno bajo (conocido como depresión). La enfermedad oscila de forma aleatoria entre estos altibajos.

Hombres y mujeres tiene la misma posibilidad de desarrollar la condición usualmente entre las edades de veinte y cuarenta años. Las mujeres pasan más tiempo en la fase de depresiva, mientras los hombres pueden ser maniáticos (hiperactivos) más a menudo. Algunas personas con DB tienen síntomas toda su vida, síntomas que pueden interferir con el trabajo o pueden dificultar las relaciones interpersonales. Las personas en la fase maniática pueden no darse cuenta de lo peligrosas que pueden ser sus conductas impulsivas.

Como ministrar: (Todas las órdenes serán dadas en el nombre de Jesús)
1. Diríjalos en oración de arrepentimiento por las maldiciones generacionales.
2. Diríjalos en oración del perdón por traumas sufridos durante la juventud.
3. Eche fuera el espíritu de desorden bipolar.
4. Ordene a las frecuencias magnéticas y eléctricas que funcionen en balance y armonía.

DESORDEN DE ATENCIÓN DEFICIENTE (DAD) y DESORDEN DE ATENCIÓN HIPERACTIVA DEFICIENTE (DAHD)

DAD y DAHD incluyen problemas de atención, hiperactividad, conducta impulsa o una combinación de estas conductas. El DAHD afecta el rendimiento escolar, así como el desarrollo de relaciones interpersonales. Los padres que tienen hijos con DAHD seguidamente se agotan, se frustran y se abruman.

Diagnosticado más a menudo en los niños que en las niñas, el desorden de atención deficiente (DAD) es el desorden de comportamiento más comúnmente diagnosticado en la niñez. Todo niño sospechoso de tener DAHD necesita una evolución cuidadosa y profesional para determinar que contribuye al comportamiento anómalo. Los síntomas como depresión, faltar de sueño, dificultad en el aprendizaje, tics nerviosos, y problemas de comportamiento pueden ser confundidos con DAHD.

Como ministrar: (Todas las órdenes serán dadas en el nombre de Jesús)

1. Diríjales en una oración de arrepentimiento por los pecados de los padres (ancestros).
2. Ordene silencio para todos los ruidos anormales de la cabeza
3. Ordene al espíritu de DAD/DAHD que se vaya.
4. Ore pidiendo un nuevo cerebro, si fuere necesario.
5. Ordene a las hormonas que se regulen y a los conductos nerviosos del cerebro que funcionen apropiadamente.
6. Ordene paz para su familia y hogar.
7. Sugiera un cambio de dieta, si fuere aplicable.

DESORDEN DE OBSESIÓN COMPULSIVA (DOC)

Un tipo de enfermedad mental, el desorden de obsesión compulsiva es una ansiedad que se caracteriza por compulsiones u obsesiones. Teniendo uno o ambas es suficiente para el diagnóstico. Las obsesiones son pensamientos, ideas, dudas e impulsos indeseables e inapropiados que causan intensa angustia y ansiedad. Las compulsiones son impulsos para repetir cierta conducta o pensamiento para poder disminuir la ansiedad que creada por dichas obsesiones.

Algunos ejemplos de obsesiones incluyen los miedos exagerados y anormales, pensamientos absurdos e indeseables sobre daños, violencia, impropiedad sexual, cosas inmorales o perfección persistente.

Algunos ejemplos de compulsiones incluyen lavarse las manos, bañarse o limpiar con productos antibacteriales constantemente. Excesiva re-organización y repetición de palabras especiales o frases que neutralizan los pensamientos inaceptables.

Las causas exacta de DOC es desconocida, pero varios factores parecen jugar un papel. Los cambios químicos del cerebro, historia familiar y herencia genética han sido asociados con DOC. Los agentes estresantes, tales como serias pérdidas, traumas, relaciones interpersonales difíciles, cambio de trabajo, problemas financieros u otro tipo de situaciones estresantes pueden provocar o empeorar los síntomas.

Como ministrar: (Todas las órdenes serán dadas en el nombre de Jesús)

1. Diríjalos en oración de arrepentimiento por las maldiciones generacionales.
2. Eche fuera el espíritu del DOC.
3. Diríjalos en oración de arrepentimiento y perdón, si fuere necesario
4. Ordene a los priones que se disuelvan y salgan del cuerpo.
5. Ordene que las frecuencias eléctricas y magnéticas funcionen en armonía y balance.
6. Diríjalos en oración para colocar toda ansiedad, estrés y preocupación en el altar de Dios.
7. Pida la paz de Dios sobre ellos.

DESORDEN DE PÁNICO (TAMBIÉN CONOCIDO COMO ATAQUE DE PÁNICO).

El desorden de pánico es una condición que conlleva repetidos e impredecibles ataques de miedo intenso e irracional acompañados por severa ansiedad que puede durar desde minutos hasta horas. Estos ataques ocurren repentinamente, a menudo sin previo aviso.

La edad típica para que inicie este desorden es entre la adolescencia y mediados de los treinta; y, puede ocurrir en ambos sexos; sin embargo, las mujeres son más susceptibles que los hombres a ser afectadas con un desorden de pánico.

La causa exacta del desorden de pánico es desconocida. Se cree que los genes, el medio ambiente y traumas o experiencias previas pueden influenciar su desarrollo. Los ataques de pánico parecen ser más comunes con las personas que han experimentado serios traumas en su pasado, tales como divorcio o separación, historia de problemas familiares, abuso o heridas graves.

Con frecuencia, a las personas con desorden de pánico se les hacen evoluciones médicas por síntomas relacionados a ataques del corazón u otras condiciones antes de ser diagnosticadas. Muy a menudo se observan cambios extremos en su conducta

Como ministrar: (Todas las órdenes serán dadas en el nombre de Jesús)
1. Diríjalos en oración de arrepentimiento por las maldiciones generacionales.
2. De ser posible, infórmese cuando empezaron estos ataques y que pasó durante este período. Ministre a la causa.
3. Ordene que las hormonas se regulen y que la absorción de minerales y vitaminas sea normal.
4. Diríjalos en oración de arrepentimiento, si fuere necesario.
5. Diríjalos en oración para colocar toda ansiedad, estrés, temor y preocupación en el altar de Dios.

Si la persona está experimentando un ataque de pánico:

Como ministrar: (Todas las órdenes serán dadas en el nombre de Jesús)
1. Llámelos por su nombre completo. Cuando usted capte la atención de ellos, diga "Paz, en el nombre de Jesús".
2. Pregunte cuándo empezaron los ataques de pánico. Investigue qué les ocurrió antes del primer ataque.
3. Diríjalos en oración de arrepentimiento o a perdón para corregir la situación.
4. Ordene que el espíritu de miedo o ansiedad se vayan.
5. Pida la paz de Dios sobre ellos.

DESORDEN DE PERSONALIDAD PARANOICA (DPP)

El desorden de personalidad paranoica es una condición psiquiátrica caracterizada por la falta de confianza y sospecha de los demás. Estos patrones crónicas de conducta causan problemas en el trabajo y con las relaciones interpersonales.

Las personas con el desorden de personalidad paranoica suelen altamente sospechar de otras personas, se aíslan, tienen una baja autoestima y muestran frecuente hostilidad.

Como ministrar: (Todas las órdenes serán dadas en el nombre de Jesús)
1. Diríjalos en oración de arrepentimiento por las maldiciones generacionales.
2. Eche fuera el espíritu de DPP.
3. Ordene paz en el cerebro y en el corazón.
4. Ordene que las frecuencias eléctricas y magnéticas funcionen en armonía y balance.
5. Diríjalos en oración para colocar toda ansiedad, estrés, temor y preocupación en el altar de Dios.

DESÓRDENES DEL SUEÑO (Véase también Insomnio, Ronquidos, Síndrome de Pierna Inquieta).

Los desórdenes del sueño envuelven cualquier dificultad relacionada al dormir, incluyendo dificultad para conciliar el sueño o permanecer dormido, incapacidad para despertarse, exceso de tiempo para dormir, comportamientos anómalos asociados con el dormir.

Apnea al dormir

La apnea al dormir es una condición que afecta más comúnmente a las personas obesas, también puede afectar a cualquiera que tenga cuello corto o mandíbula pequeña, sin importar el peso de la persona. Este desorden hace que la respiración pare discontinuamente durante el sueño, despertando a persona repetidas veces. Los ronquidos fuertes y problemas de respiración son síntomas de que el conducto de aire está bloqueado. Las personas con apnea al dormir tienen dificultades para conciliar un sueño prolongado, profundo y restaurador. Esto resulta en sentirse excesivamente soñoliento y fatigado, lo cual también es un síntoma de la narcolepsia.

Debido que la apnea al dormir causa una repentina disminución en los niveles de oxígeno, las personas con apnea al dormir están en algo riesgo de complicaciones como daño cerebral, alta presión y muerte súbita. Los niños con apnea al dormir pueden ser hiperactivos y ser diagnosticados con DAHD. Las amígdalas demasiado grandes y/o adenoides con considerados la causa más común de apnea al dormir en los niños.

INSOMNIO O PROBLEMAS PARA CONCILIAR EL SUEÑO O PERMANECER DORMIDO

El insomnio incluye la dificultad para conciliar el sueño y mantenerse dormido, el despertarse constantemente y despertarse demasiado temprano en la mañana.

Algunos de los factores comunes asociados con el insomnio nocturno incluyen: Enfermedad física, ansiedad, aumento de estrés, cafeína, alcohol, drogas, fumar, demasiado ruido o luz, dolor o demasiadas siestas durante el día.

El insomnio puede llevar a sentirse soñoliento durante el día, tener mala concentración e inhabilidad de sentirse descansado por la mañana. Ocasionalmente, todos tienen una noche sin sueño; no obstante, el insomnio puede incapacitar la habilidad de la persona para completar adecuadamente sus responsabilidades diarias debido al cansancio excesivo o a problemas de concentración.

Como ministrar: (Todas las órdenes serán dadas en el nombre de Jesús)
1. Diríjalos en oración de arrepentimiento, si fuere necesario.
2. Ordene al centro del sueño en el cerebro que funcione normalmente.
3. Diríjalos en oración para colocar toda ansiedad, estrés y preocupación en el altar de Dios.
4. Instrúyales que se arrepientan por no tomar el sábat (día de descanso), si fuere necesario.

NARCOLEPSIA

La narcolepsia es un desorden crónico del sueño caracterizado por un sobrecogedor e incontrolable exceso de sentirse soñoliento durante el día y ataques repentinos de sueño. Las personas con narcolepsia se quedan dormidas en cualquier lugar y momento sin importar las circunstancias. Ellos también exhiben otros síntomas que pude incluir la parálisis del sueño y alucinaciones.

La narcolepsia puede causar serios problemas tanto en la vida personal como en la profesional. Los ataques del sueño pueden resultar en daño físico si ocurren durante las actividades diarias como el conducir un auto, usar maquinaria peligrosa, encender un fuego o cortar comida.

RONQUIDOS

Los ronquidos son fuertes sonidos de respiración que ocurren mientras una persona duerme. Es molestoso tanto para la persona como para los otros que están a una distancia corta. Mientras se respira, el aire pasa por los tejidos relajados de la garganta, causando que los tejidos vibren creando un sonido ronco y fuerte.

El roncar posiblemente sea una indicación de un desorden subyacente como una congestión nasal crónica, septo nasal desviado apnea al dormir o amígdalas agrandadas o adenoides. Otros factores que contribuyen son el estar pasado de peso, el efecto relajante de las pastillas para dormir, los antihistamínicos, tomar alcohol antes de dormir o dormir boca arriba, permitiendo que la boca se relaje y baje a la garganta.

Como ministrar: (Todas las órdenes serán dadas en el nombre de Jesús)

1. Diríjalos en oración de arrepentimiento por las maldiciones generacionales.
2. Ordene que los músculos y tejidos de la parte superior de la garganta funcionen normalmente durante el sueño.
3. Ordene que todas las obstrucciones en las vías respiratorias sean removidas.

SONAMBULISMO

El sonambulismo usualmente ocurre unas pocas horas después de que una persona se ha dormido. Los sonámbulos hacen más que caminar. Ellos pueden hacer cosas como cambiarse de ropa, mover muebles o simplemente sentarse en la cama. Después, ellos no pueden recordar ninguna de sus acciones. Esos episodios pueden ser relacionados a una extrema fatiga o ansiedad.

Como ministrar: (Todas las órdenes serán dadas en el nombre de Jesús)

1. Diríjalos en oración de arrepentimiento por las maldiciones generacionales.
2. Diríjalos en oración para colocar toda ansiedad, estrés, temor y preocupación en el altar de Dios.
3. Ordene que todas las hormonas funcionen balanceadamente.
4. Ordene que las frecuencias eléctricas y magnéticas funcionen en armonía y balance.
5. Ordene que el cuello regrese a su alineamiento y que todas las obstrucciones en las vías respiratorias sean removidas.
6. Ordene que los músculos en las partes superiores de la garganta funcionen normalmente durante el sueño.
7. Ordene que cualquier espíritu inmundo se vaya.
8. Ordene que el centro del sueño en el cerebro funcione normalmente.

DESORDEN POST-TRAUMÁTICO DE ESTRÉS (DPTE)

Este desorden es una enfermedad psiquiátrica que ocurre después de un serio evento traumático ya sea físico o emocional. Éste puede ser resuelto después de unas semanas o durar por muchos años. El DPTE puede también después de desastres naturales como inundación, incendio, huracán, o eventos como guerra, encarcelamiento, asalto, abuso o violación.

Como ministrar: (Todas las órdenes serán dadas en el nombre de Jesús)

1. Eche fuera el espíritu del trauma.
2. Ministre la causa por medio de oraciones para arrepentimiento, perdón y rompimiento palabras de maldición enunciadas.
3. Ordene que las hormonas funcionen balanceadamente.
4. Ordene que las frecuencias eléctricas y magnéticas funcionen en armonía y balance.
5. Pida la paz de Dios sobre ellos.

DESPRENDIMIENTO DE RETINA

El desprendimiento de retina se debe a la separación del tejido de la membrana sensible a la luz, ubicada en la parte posterior del ojo, en las capas que lo soportan. Esta membrana transparente en la parte posterior del ojo procesa las imágenes enfocadas por la córnea y el lente [cristalino], y, comunica al cerebro lo visto. El desprendimiento de retina puede ser causado por traumas, proceso de envejecimiento, diabetes o inflamaciones, pero puede ocurrir espontáneamente. Inicialmente, limita severamente la visión central, dejando solamente la visión periférica; sin embargo, también puede resultar en una ceguera irreversible.

Como ministrar: (Todas las órdenes serán dadas en el nombre de Jesús)
1. Imponga manos en el(los) ojo(s) y ordene que la retina y sus nervios se reconecten al ojo y sean sanados.
2. Ordene que los ojos funcionen normalmente y que la vista sea restaurada a lo normal.

DIABETES MELLITUS

La diabetes es una enfermedad de por vida marcada por altos niveles de azúcar (o glucosa) en la sangre. Puede ser causada por muy poca insulina producida por el páncreas para regular el azúcar sanguíneo, resistencia a la insulina o ambas.

La glucosa es una forma de azúcar ingerida en los alimentos y líquidos. Esta es absorbida durante la digestión y es descargada por la sangre a todas las células del cuerpo. El páncreas produce insulina para regular la cantidad de glucosa en la corriente sanguínea. Todas las células del cuerpo requieren cierto nivel de glucosa para mantener su función normal.

Las personas con diabetes tienen altos e incontrolados niveles de glucosa. Si se dejan sin control, la diabetes puede contribuir a la ceguera, enfermedad del riñón, neuropatía (adormecimiento y dolor en las extremidades) y problemas circulatorios. Si los niveles son muy altos o muy bajos, eso puede ser letal.

Como ministrar: (Todas las órdenes serán dadas en el nombre de Jesús)
1. Eche fuera el espíritu de diabetes.

2. Diríjalos en oración de arrepentimiento por las maldiciones generacionales.
3. Ordene por un nuevo páncreas y la producción normal de insulina.
4. Ordene que todo tejido dañado regrese a su estado normal.

DIARREA

La diarrea Es la presencia de heces casi líquidas y flojas. La diarrea se considera una afección crónica cuando ha habido excreción floja o frecuente durante más de cuatro semanas.

La causa más común es una leve infección viral que se resuelve en pocos días. A esto con frecuencia se le llama "gripe estomacal" y puede aparecer en mini epidemias en las escuelas, vecindarios o familias. Con frecuencia pasa de persona a persona. El lavarse las manos después de usar el baño puede disminuir el riesgo.

Una diarrea incontrolable puede llevar a una severa deshidratación, desequilibrio metabólico y sangrado rectal. Una diarrea incontrolable en los niños puede ser fatal.

Como ministrar: (Todas las órdenes serán dadas en el nombre de Jesús)
1. Ordene que la pelvis se alinee.
2. Ordene que el sistema digestivo sea sanado y funcione normalmente.
3. Reprenda cualquier infección posible.

DIENTES (Véase también Periodontitis, Gingivitis y Enfermedad de la Encía)

Los dientes muy distantes o torcidos pueden ser una condición temporal relacionada al crecimiento y desarrollo normal antes de que salgan los dientes adultos en la boca. El que los dientes estén muy distantes también puede ser resultado de crecimiento anómalo de la mandíbula.

Dientes que muerden demasiado o muy poco

El que muerdan demasiado o muy poco indica un alineamiento anormal en los dientes. El morder demasiado significa que los dientes frontales de arriba están muy salidos y distantes de los dientes de abajo cuando la boca se cierra. El morder muy poco significa que los dientes frontales de abajo están más salidos que los de arriba. Un niñito que se chupa el dedo gordo de su mano puede causar cualquiera de estas anormalidades. Estas condiciones pueden también ser causadas porque la mandíbula misma esté desviada debido a una lesión

Como ministrar: (Todas las órdenes serán dadas en el nombre de Jesús)
1. Diríjalos en oración de arrepentimiento por las maldiciones generacionales.
2. Imponga manos en la mandíbula y ordénele que se ajuste permitiendo el suficiente espacio entre los dientes para que estos a su vez pueden alinearse apropiadamente.
3. Ordene que los dientes se alineen adecuadamente.

DIENTES QUE RECHINAN (VÉASE TAMBIÉN CTM).

El rechinar de los dientes normalmente ocurre mientras duermen y por la noche. Algunas personas inconscientemente aprietan sus dientes durante las horas que están despiertos cuando se sienten ansiosos o tensos; sin embargo, la mayoría rechina sus dientes mientras duermen. Un rechinar persistente puede llevar a desórdenes de la mandíbula (CTM), dolores de cabeza, daño en los dientes y otros problemas.

Los factores psicológicos pueden incluir ansiedad, estrés, tensión, ira, frustración, agresión y un tipo de personalidad competitiva o hiperactiva. En algunos niños, esto puede estar relacionado al crecimiento y desarrollo. Esto puede ser común en aquellos con perlesía cerebral o severo retardo mental; no obstante, puede ser una complicación de otros desórdenes, tales como las enfermedades de Huntington y Parkinson.

Como ministrar: (Todas las órdenes serán dadas en el nombre de Jesús)
1. Ordene el alineamiento de los brazos.
2. Ordene que los nervios afectados sean liberados.
3. Diríjalos en oración de arrepentimiento, si fuere necesario.
4. Diríjalos en oración para colocar toda ansiedad, estrés, temor y preocupación en el altar de Dios.

DIENTES DETERIORADOS O DOLOR EN LOS DIENTES

Un dolor en los dientes se siente alrededor de los dientes. Generalmente es el resultado de deterioro o infección en el área. El deterioro de los dientes [caries] puede ser causado por falta de higiene dental, aunque la tendencia a que los dientes se deterioren es parcialmente hereditaria.

Como ministrar: (Todas las órdenes serán dadas en el nombre de Jesús)
1. Maldiga el deterioro y ordene que el dolor se vaya.
2. Imponga manos en el área afectada y ordénele a los dientes que sean restaurados.
3. Ordene nuevos dientes.

DISLEXIA

El desorden del desarrollo de la lectura, también llamado dislexia, es una inhabilidad para leer. Las personas con este problema pueden procesar símbolos gráficos. El DDL no es causado por problemas de visión, sino más bien es un problema que envuelve funciones cerebrales mayores. Los niños con este problema tienen dificultad para rimar, separar los sonidos de las palabras expresadas, también se les dificulta aprender a leer.

La mayoría de niños diagnosticados con DDL tienen una inteligencia normal o superior a la inteligencia promedio. Los niños con esta enfermedad también padecen del desorden del desarrollo de la escritura y/o aritmética. Todas estas áreas del pensamiento envuelven la manipulación de símbolos para plasmar la información.

Como ministrar: (Todas las órdenes serán dadas en el nombre de Jesús)
1. Ordene que los nervios de los ojos funcionen normalmente y envíen los mensajes apropiados al cerebro.
2. Diríjalos en oración de arrepentimiento por las maldiciones generacionales.
3. Ordene que el cerebro interprete las señales recibidas y permita completar la comprensión de las mismas.

DISTROFIA MUSCULAR

La distrofia muscular es un desorden caracterizado por el progresivo desgaste y debilitación de los músculos, llevando a la incapacidad total y a la pérdida de la mayoría de funciones del cuerpo, como también a la necesidad de utilizar apoyo mecánico de ventilación respiratoria.

Como ministrar: (Todas las órdenes serán dadas en el nombre de Jesús)

1. Eche fuera el espíritu de distrofia muscular.
2. Diríjalos en oración de arrepentimiento por las maldiciones generacionales.
3. Ordene que las frecuencias eléctricas y magnéticas funcionen en armonía y balance.
4. Ordene que todos los músculos regresen a su estado normal y todo tejido afectado y dañado sea sanado.

DIVERTICULITIS

Las pequeñas áreas protuberantes en el revestimiento interno del intestino (llamadas divertículos) se pueden desarrollar en cualquier parte del intestino. La diverticulitis es una inflamación de estas bolsas, o protuberancias en la pared intestina. Puede causar dolor abdominal severo, fiebre, estreñimiento o perforación (un pequeño hueco en la pared del colon). Si la perforación es grande, las heces en el colon se pueden filtrar a la cavidad abdominal, causando una condición muy seria y amenazante a la vida.

Como ministrar: (Todas las órdenes serán dadas en el nombre de Jesús)

1. Ordene que la pelvis regrese a su alineamiento adecuado.
2. Ordene que esos sacos desaparezcan y que la pared intestinal regrese a su fuerza y función normales.
3. Diríjalos en oración de arrepentimiento y que coloquen todo estrés, ansiedad y preocupación en el altar de Dios.
4. Ordene que la infección se vaya y que los tejidos sean totalmente sanados.

DOLOR DE CUELLO

El dolor de cuello puede provenir de cualquiera de los músculos, nervios, espina dorsal y los discos amortiguadores que están entre las vértebras. El dolor del cuello también viene de las regiones cercanas al cuello como los hombros, mandíbula, cabeza y brazos.

Muchas personas describen esto como "cuello tieso". Si el dolor de cuello envuelve a los nervios (por ejemplo, un espasmo muscular significativo o un disco dislocado que presiona un nervio), también se podrá sentir hormigueo, adormecimiento o debilidad en los brazos, manos y otras partes del cuerpo.

El común dolor de cuello proviene de los músculos presionados o tensos por las actividades diarias como el doblarse, mala posición mientras se ve la televisión o se lee, trabajar con un monitor de computadora que está muy alto o muy bajo, dormir en una posición incómoda, mover el cuello haciéndolo rechinar durante el ejercicio.

Los accidentes o las caídas traumáticas pueden también causar lesiones serias, tales como cuellos fracturados, lesión cervical de latigazo, daño de vasos sanguíneos e incluso parálisis. Otras causas incluyen un hernia en un disco, fibromialgia (síndrome de dolor en todo el cuerpo) y artritis.

Como ministrar: (Todas las órdenes serán dadas en el nombre de Jesús)

1. Ordene que el cuello regrese a su alineamiento.
2. Ordene que la vértebra, discos, músculos, ligamentos, nervios y tendones sean sanados y vuelvan a su posición normal.
3. Diríjalos en oración para colocar toda ansiedad, preocupación y estrés en el altar de Dios.

DOLOR DE GARGANTA (Véase también Influenza, Resfriado y Laringitis).

Un dolor de garganta causa incomodidad, dolor o comezón en la garganta y a veces suele ser doloroso al ingerir comida. El dolor de garganta suele ocurrir en combinación con otros síntomas de infección respiratoria, pero puede ocurrir solo. Al igual que los resfriados comunes, la mayoría de dolores de garganta son causados por una infección viral.

La mononucleosis es una enfermedad viral que dura mucho y causa un gran dolor de garganta y problemas al ingerir. Otras enfermedades virales que incluyen dolor de garganta son el sarampión, la varicela y la tos ferina.

Las infecciones bacteriales asociadas con el dolor de garganta pueden incluir infección en la garganta por estreptococos, tonsilitis y difteria. Otras causas asociadas incluyen reacciones alérgicas, aire acondicionado excesivamente seco, congestión nasal crónica que causa constante respiración por la boca, contaminación del medio ambiente, respiración de humo, alcohol, comida picante, tensión de los músculos de la garganta, reflujo ácido (ERGE) o vómito.

Como ministrar: (Todas las órdenes serán dadas en el nombre de Jesús)

1. Maldiga la raíz de la infección bacterial y viral.
2. Diríjalos en oración de arrepentimiento para romper palabras de maldición enunciadas.
3. Ordene que el dolor y la inflamación desaparezcan.
4. Ordene que cualquier reacción alérgica desaparezca.
5. Ordene que las frecuencias eléctricas y magnéticas funcionen en armonía y balance.

DOLORES DE CABEZA

DOLORES DE CABEZA EN RACIMO

El dolor de cabeza en racimo es una forma relativamente común de dolores crónicos y recurrentes. Los dolores de cabeza en racimo afectan un lado de la cabeza y pueden estar asociados con el lagrimear o con la congestión nasal. Éstos ocurren en cúmulo, lo cual significa que se dan repetidamente todos los días a la misma hora por varias semanas y paran repentinamente.

Aunque no se ha encontrado una causa específica, el fumar, el uso del alcohol, el destello, el estrés o ciertos alimentos parecen provocar el ataque.

Como ministrar: (Todas las órdenes serán dadas en el nombre de Jesús)

1. Ordene que los niveles de histamina y serotonina sean normales y balanceados.
2. Diríjalos en oración de arrepentimiento, si fuere necesario.
3. Diríjalos en oración de arrepentimiento para romper palabras de maldición enunciadas.
4. Ordene que el dolor desaparezca y que la sangre fluya adecuadamente.

5. Diríjalos en oración para colocar toda ansiedad, estrés y preocupación en el altar de Dios.
6. Ordene que la sangre vuelva a su nivel adecuado de pH.

DOLORES DE CABEZA DE MIGRAÑA

Los dolores de cabeza de migraña son un tipo severo de dolores de cabeza que debilitan y vienen acompañados con síntomas tales como nauseas, vómito, trastorno visual o sensibilidad a la luz y al sonido.

La migraña es causada por una anormalidad en la actividad del cerebro provocada por estrés, comida, reacción alérgica, luces brillantes, ruidos, ciertos olores o perfumes, humo o el ser expuesto al humo del cigarrillo, alcohol o cafeína. Éstas pueden durar desde unas cuantas horas hasta varios días. La mejor prevención es identificar qué la provoca y evitar lo que la incita.

Como ministrar: (Todas las órdenes serán dadas en el nombre de Jesús)
1. Diríjalos en oración de arrepentimiento por las maldiciones generacionales.
2. Ordene que el espíritu de migrañas se vaya.
3. Ordene que la sangre fluya apropiadamente al cerebro.
4. Ordene que las hormonas funcionen balanceadamente.
5. Diríjalos en oración de arrepentimiento para romper palabras de maldición enunciadas.
6. Ordene que el dolor desaparezca.
7. Ordene que la sangre vuelva a su nivel adecuado de pH.

DOLOR DE CABEZA POR TENSIÓN

Un dolor de cabeza es una molestia o incomodidad en la cabeza, cuero cabelludo o cuello. La mayoría de personas que sufren dolores de cabeza mejoran al hacer cambios en su estilo de vida, aprender a relajarse o al tomar medicamentos.

El dolor de cabeza por tensión se da debido a la rigidez o contracción de los músculos en los hombros, cuello, cuero cabelludo y mandíbula. Estos dolores frecuentemente son relacionados con el estrés, depresión, ansiedad, exceso de trabajo, no dormir lo suficiente, no comer a tiempo, tomar drogas o alcohol, ciertas comidas o el mantener la cabeza en una sola posición por mucho tiempo (en la computadora, microscopio, o maquinilla)

El dolor de cabeza por tensión suele darse en ambas partes de la cabeza. A menudo empiezan en la parte de atrás de la cabeza y se pasan al frente. El dolor es fastidioso y estrujador, como si se tuviera una banda fuertemente atada. Los hombros, el cuello o la mandíbula podrían sentirse tensos y adoloridos.

Como ministrar: (Todas las órdenes serán dadas en el nombre de Jesús)
1. Ordene que el cuello regrese a su alineamiento.
2. Ordene que la sangre fluya normalmente y que los espasmos de los vasos sanguíneos se calmen.
3. Eche fuera el espíritu de dolor de cabeza, si fuere necesario.
4. Guíelos con las oraciones de arrepentimiento, si fuere necesario.
5. Diríjalos en oración de arrepentimiento por las maldiciones generacionales.
6. Diríjalos en oración para colocar toda ansiedad, estrés y preocupación en el altar de Dios.
7. Ordene que la sangre vuelva a su nivel adecuado de pH.

DOLOR MENSTRUAL (Véase Problemas Femeninos).

ECZEMA (Véase también Dermatitis).

La eczema [o eccema] es un desorden crónico de la piel, una forma de dermatitis. Esta se manifiesta por salpullidos escamosos y picantes. Las personas con eczema frecuentemente tienen una historia familiar de condiciones alérgicas. La inflamación, irritación y comezón crónicas causan que la piel se vuelva más gruesa y coriácea. Los irritantes del medio ambiente, la resequedad de la piel, el estar expuesto al agua, al cambio de temperatura y el estrés pueden agravar los síntomas.

Como ministrar: (Todas las órdenes serán dadas en el nombre de Jesús)
1. Eche fuera el espíritu de eczema.
2. Ordene que la inflamación se vaya y maldiga la enfermedad.
3. Diríjalos en oración de arrepentimiento por las maldiciones generacionales.

4. Ordene que las células produzcan una piel nueva para reemplazar los tejidos dañados, y que la piel regrese a su estructura, función y textura normales.
5. Ordene que la comezón se vaya.

EDEMA

El edema o hinchazón puede ocurrir en cualquier parte del cuerpo. La inflamación es una respuesta normal del cuerpo a una herida, pero debe desaparecer a medida que ocurre la sanidad (tal es el caso de un tobillo torcido). El edema puede ser el síntoma de una enfermedad crónica y progresiva, tal como la falla congestiva del corazón. Esto es provocado por una acumulación excesiva de líquido en los tejidos, lo cual puede a su vez causar un rápido aumento de peso en un corto período de tiempo. La inflamación puede ser general (en todo el cuerpo) o local (piernas o pies).

El linfedema es un tejido hinchado persistente, una forma de edema que es el resultado de la interrupción o pérdida de desagüe linfático normal del brazo o pierna afectados. Puede también ocurrir como resultado de una mastectomía (remoción de un seno) cuando numerosos nodales linfáticos son removidos también. Esta interrupción del sistema de desagüe linfático provoca una acumulación del líquido linfático en el brazo, que a su vez causa un severo agrandamiento del brazo y la mano. Esto podría ocurrir en todos los miembros, es difícil de tratar y puede ser altamente debilitante.

Como ministrar: (Todas las órdenes serán dadas en el nombre de Jesús)
1. Ordene sanidad de la enfermedad subyacente.
2. Ordene que todos los órganos o tejidos sean sanados y funcionen normalmente.
3. Ordene que el líquido pase por todo el cuerpo.
4. Diríjalos en oración de arrepentimiento, si fuere necesario.
5. Diríjalos en oración de arrepentimiento por las maldiciones generacionales.

EDEMA PULMONAR

El edema pulmonar conlleva la excesiva acumulación de líquidos e inflamación en los pulmones. El edema pulmonar usualmente es una complicación causada por la falla congestiva coronaria. El edema pulmonar también puede ser causado por una lesión debido a las toxinas, incluyendo el calor y los gases venenosos, infección severa, excesivo líquido del propio cuerpo por la falla de un riñón.

Los síntomas comunes incluyen dificultad en la respiración, sentimiento de sofocación, resoplido, jadeo y saliva espumosa. Frecuentemente, el edema pulmonar inducido por las drogas es causa de la muerte en las personas que abusan los narcóticos. Cuando no es tratada, el edema pulmonar agudo puede ser fatal.

Como ministrar: (Todas las órdenes serán dadas en el nombre de Jesús)

1. Ordene que todo el exceso de líquido dentro de los pulmones se vaya.
2. Ordene que el corazón y los pulmones sean fuertes y sanos.
3. Ordene que cualquier infección se vaya y que los tejidos dañados sean sanados y funcionen normalmente.
4. Ordene nuevos pulmones y otros órganos, si fuere necesario.
5. Ordene por las frecuencias eléctricas y magnéticas funcionen en armonía y balance.

ENCEFALITIS

La encefalitis es una inflamación e irritación del cerebro, normalmente causada por una infección viral. La exposición al virus pude darse por medio de piquete de insectos, alimento o bebida contaminada, inhalación de gotitas secretadas por una persona enferma o por contacto de la piel. La inflamación puede causar deterioración neurológica o mental, confusión o coma. Puede ser fatal.

Como ministrar: (Todas las órdenes serán dadas en el nombre de Jesús)

1. Reprenda la infección.
2. Ordene que la hinchazón se vaya y que el cerebro sea sanado y funcione normalmente.
3. Ore para que el cuello regrese a su alineamiento apropiado.
4. Ordene que el flujo de la sangre se normalice dentro del cerebro.

ENDOMETRIOSIS (Véase Problemas Femeninos).

ENFERMEDAD CÍSTICA

Esta condición afecta a las mujeres, normalmente cuando están cerca de la menopausia o con ella y se caracteriza por un rápido desarrollo de tejido fibroso (quiste) en el seno. También se le llama enfermedad fibrocística o mastitis cística.

Como ministrar: (Todas las órdenes serán dadas en el nombre de Jesús)

1. Eche fuera el espíritu de enfermedad cística.
2. Imponga manos en el seno, ordenando que los tejidos fibrosos [quistes] se disuelvan. (Pídale a la persona que coloque la mano en su seno primero, luego usted imponga manos sobre la de ella).
3. Ordene que todas las células y tejidos de los senos sean sanados regresen a su estado normal, y, pida un milagro creativo para todas las partes dañadas.

ENFERMEDAD DE ADDISON (También llamada Insuficiencia Adrenal. Véase también Glándulas Adrenales)

La enfermedad de Addison es un desorden endocrinal u hormonal. La enfermedad es caracterizada por pérdida de peso, debilidad muscular, fatiga, baja presión sanguínea, y, algunas veces por el oscurecimiento anómalo de la piel.

La enfermedad de Addison ocurre cuando las glándulas adrenales no producen suficientes hormonas. Conocida también como insuficiencia adrenal, la enfermedad de Addison puede darse debido a una anormalidad genética de las glándulas adrenales. Sin embargo, en la mayoría de los casos es causada por la destrucción gradual de las glándulas adrenales, acción ejecutada por el mismo sistema inmunológico y los desórdenes auto-inmunológicos. (Véase el Capítulo 12 para información adicional acerca del sistema inmune y los desórdenes auto-inmunológicos).

Como ministrar: (Todas las órdenes serán dadas en el nombre de Jesús)

1. Dirígelos en oración de arrepentimiento por sus pecados como también los de sus padres.
2. Ordene que las frecuencias eléctricas y el balance químico se regulen.

3. Ordene un milagro creativo—un nuevo par de glándulas adrenales.
4. Ordene que las hormonas de las glándulas adrenales mantengan sus niveles normales.

ENFERMEDAD DE ALZHEIMER

La enfermedad de Alzheimer está caracterizada por una pérdida progresiva de la función mental. Partes del cerebro se degeneran y los nervios cerebrales destruidos ya no pueden transmitir señales del cerebro al cuerpo. A medida que la edad avanza, ,a actividad mental disminuye hasta cierto grado en todas las personas, pero esto es mucho más pronunciado en aquellos afectados por Alzheimer.

Esta condición que debilita severamente puede llevar a la persona a una total dependencia para todas las actividades de la vida diaria y requiere una supervisión constante. La desorientación total, cambios de personalidad y la pérdida de la memoria afecta tanto a la persona como a toda la familia.

La causa de esta enfermedad es desconocida, pero la enfermedad parece ocurrir más frecuentemente en ciertas familias. En los Estados Unidos, millones de personas han sido diagnosticadas con la enfermedad de Alzheimer. Altas cantidades de aluminio se han encontrado en los cerebros de ciertas personas, mientras que otros pacientes han sido mal diagnosticados y se les ha encontrado un exceso de líquido espinal, el cual ejerce presión en el cerebro causando síntomas similares a los de la enfermedad de Alzheimer.

Como ministrar: (Todas las órdenes serán dadas en el nombre de Jesús)
1. Dirígelos en oración de arrepentimiento por las maldiciones generacionales.
2. Ordene que los niveles metálicos en la sangre y el cerebro regresen a la normalidad.
3. Ordene que el exceso del líquido espinal regrese a la normalidad.
4. Ore pidiendo un milagro creativo y ordene un nuevo cerebro.
5. Ordene que todas las vías de los nervios y la comunicación entre el cerebro y el cuerpo regresen a la normalidad.

ENFERMEDAD DE CROHN

La enfermedad de Crohn es una enfermedad crónica autoinmune que afecta cualquier parte del tracto gastrointestinal pero más comúnmente ocurre en el área donde los intestinos delgado y grueso se conectan. En la enfermedad de Crohn, las bribonzuelas células inmunes atacan al sistema gastrointestinal. La causa es desconocida.

Como resultado del ataque inmune, la pared intestinal se vuelve gruesa y ulceras profundas se pueden formar. Esto puede llevar a dolor agudo y a obstrucción.

La inflamación puede afectar cualquier área del tracto digestivo. Esta enfermedad puede ocurrir a cualquier edad, pero en los adolescentes y los jóvenes adultos tienen un alto riesgo. Debido a los efectos debilitantes de esta enfermedad, algunas personas prefieren que se les remueva parte de su intestino y vivir con una colostomía por el resto de sus vidas.

Como ministrar: (Todas las órdenes serán dadas en el nombre de Jesús)

1. Eche fuera el espíritu de la enfermedad de Crohn.
2. Reprenda la infección.
3. Ordene que los tejidos sean sanados y que funcionen normalmente.
4. Diríjalos en oración de arrepentimiento por las maldiciones generacionales.
5. Ordene al sistema inmunológico que funcione normalmente.

ENFERMEDAD DEGENERATIVA DE LAS COYUNTURAS (Véase también Osteoartritis).

ENFERMEDAD DE HUNTINGTON

La enfermedad de Huntington es hereditaria y está caracterizada por involuntarios y anormales movimientos del cuerpo, perturbaciones y demencia. La enfermedad de Huntington exhibe un desgaste progresivo de las células cerebrales con pérdida de la función mental, incluyendo cambios en la personalidad y pérdida de las funciones cognitivas, tales como el criterio y el habla. No hay cura para esta enfermedad.

Como ministrar: (Todas las órdenes serán dadas en el nombre de Jesús)

1. Diríjalos en oración de arrepentimiento por las maldiciones generacionales.
2. Eche fuera el espíritu de la enfermedad Huntington.
3. Ordene que todos los cromosomas vuelvan a su normalidad.
4. Ordene que cualquier órgano afectado sea restaurado y vuelva a funcionar normalmente.

ENFERMEDAD DE LA ENCÍA (VÉASE TAMBIÉN PERIODONTITIS)

La remoción inadecuada de la placa de los dientes desde la línea de la encía puede llevar a encías inflamadas, también conocida como gingivitis. Si la placa no es removida al lavarse los dientes y citas con el dentista, ésta se volverá dura y se convertirá en sarro. El sarro puede, a su vez, provocar mayor sangrado y llevar a una enfermedad avanzada forma de enfermedad de la encía conocida como periodontitis. Una higiene oral cuidadosa puede prevenir la enfermedad de la encía.

Como ministrar: (Todas las órdenes serán dadas en el nombre de Jesús)

1. Reprenda la infección.
2. Imponga manos en la mandíbula, ordenando que los tejidos de la boca sean sanados y funcionen normalmente.
3. Diríjalos en oración de arrepentimiento por el cuidado personal dental, si fuere necesario.
4. Diríjalos en oración de arrepentimiento para romper palabras de maldición enunciadas.

ENFERMEDAD DE LA OBSTRUCCIÓN CRÓNICA PULMONAR (EOCP)

La enfermedad de la obstrucción crónica pulmonar (EOCP) es un grupo de enfermedades pulmonares caracterizadas por un flujo anómalo de aire y cambios en los grados de los sacos de aire, inflamación en los canales de aire y la destrucción del tejido pulmonar.

La causa principal de la EOCP es el fumar que a menudo lleva a las dos formas más comunes de esta enfermedad: Enfisema (agrandados sacos de aire en el pulmón y reducida elasticidad del tejido pulmonar) y bronquitis crónica (inflamación de los pulmones, destrucción de los sacos de aire y estrechos canales de aire).

Otros factores de riesgo para la EOCP incluyen el recibir el humo del cigarrillo y el trabajar en un ambiente contaminado. La enfermedad ocupacional del pulmón (asbestosis, silicosis y la enfermedad de los mineros de carbón) son otras formas de EOCP. El grado de obstrucción de los canales de aire y la cantidad de tejido dañado en los conductos pulmonares determinan la gravedad de esta enfermedad.

Como ministrar: (Todas las órdenes serán dadas en el nombre de Jesús)
1. Maldiga la raíz de la enfermedad.
2. Diríjalos en oración de arrepentimiento, si fuere necesario. (Para los fumadores, véase también Adicciones).
3. Ordene la sanidad total de todos los tejidos dañados del sistema respiratorio y que su función normal sea restaurada.
4. Ordene nuevos pulmones, si fuere necesario.

ENFERMEDAD DE LA TIROIDES (Véase también Bocio)

La glándula tiroides está localizada en la base del cuello, cerca de la caja vocal y la tráquea. La glándula produce una hormona tiroidal necesaria para regular el metabolismo del cuerpo.

La enfermedad de la tiroides incluye el hipertiroidismo (produce demasiado de la hormona), hipotiroidismo (produce muy poco de la hormona), enfermedad benigna (no cancerosas) de la tiroides y cáncer en la tiroides.

Como ministrar: (Todas las órdenes serán dadas en el nombre de Jesús)
1. Diríjalos en oración de arrepentimiento por las maldiciones generacionales.
2. Ordene una nueva tiroides que funcione adecuadamente.
3. Ordene que la inflamación se vaya.
4. Ordene que todas las hormonas funcionen balanceadamente.
5. Maldiga la raíz del cáncer, si fuere necesario.

ENFERMEDAD DE LOS RIÑONES

La enfermedad de los riñones se clasifica como otra enfermedad o desorden que afecta la función de los riñones.

Como ministrar: (Todas las órdenes serán dadas en el nombre de Jesús)

1. Ordene un nuevo par de riñones que funcionen normalmente.
2. Ordene la sanidad de cualquier enfermedad subyacente como la presión arterial, diabetes o infecciones.
3. Ordene que cualquier incomodidad o dolor se vaya.
4. Ordene que la pelvis vuelva a su alineamiento.

ENFERMEDAD DEL MOVIMIENTO

La enfermedad del movimiento (conocida también como enfermedad de mareos en el automóvil, o enfermedad de mareos en el mar, o enfermedad de mareos en el aire) ocurre cuando se viaja por carro, bote, avión o cualquier otra locomoción pasiva. La enfermedad del movimiento puede también ser causada por el entorno visual mientras se está quieto (ver en pantalla gigante una película que contiene mucho movimiento). Puede sobrevenir repentinamente, progresando de un sentimiento de inquietud hasta sudor frío, mareos, vértigo y luego vómito.

Como ministrar: (Todas las órdenes serán dadas en el nombre de Jesús)

1. Diríjalos en oración de arrepentimiento por las maldiciones generacionales.
2. Ordene que el oído interno se ajuste
3. Ordene que los mensajes del nervio de los ojos y oídos funcionen balanceadamente.
4. Ordene que el mareo y/o el vértigo se vayan.

ENFERMEDAD DE LOU GEHRIG (Véase también Esclerosis Amotrófica Lateral).

ENFERMEDAD DEL REFLUJO GASTROESO-FÁGICO (Véase también Hernia, de Hiato)

La enfermedad del reflujo gastroesofágico (ERGE) es una condición en la cual el alimento o el líquido se devuelven desde el estómago hacia el esófago (tubo que va desde la boca hasta el estómago). Este material parcialmente digerido usualmente contiene ácido digestivos estomacales y pueden irritar el esófago, causando acidez, indigestión y otros síntomas como una incomodidad leve en el pecho.

Esta es una condición común que ocurre sin advertencia después de una comida. En algunas personas, el reflujo está relacionado a un problema en la banda muscular [esfínter esofágico inferior] que cierra y separa el esófago del estómago. Si esa banda no se cierra adecuadamente, la comida y el líquido se pueden devolver hacia el esófago y ocasionar síntomas desagradables.

Como ministrar: (Todas las órdenes serán dadas en el nombre de Jesús)
1. Ordene que los músculos (esfínteres) funcionen adecuadamente.
2. Diríjalos en oración para colocar toda ansiedad, estrés y preocupación en el altar de Dios.
3. Diríjalos en oración de arrepentimiento por las maldiciones generacionales.

ENFERMEDAD DE MÉNIÈRE (Véase también Vértigo y Mareos).

La enfermedad de Ménière es un desorden del oído interno, afectando el balance y la audición, caracterizado por vértigos, mareos, fluctuante pérdida de audición, pérdida completa de la audición en un oído y tinitos.

El oído interno controla el balance y el sentido de la posición del cuerpo. La enfermedad de Ménière conlleva inflamación de una parte del oído interno. La causa exacta de la enfermedad de Ménière es desconocida. En algunos casos, puede estar relacionada a una infección en el oído medio, lesión en la cabeza, enfermedad viral, infección respiratoria, estrés, fatiga, uso de medicina prescrita o sin prescripción médica como la aspirina, alergias, fumar o abuso del alcohol. También puede haber riesgo de factores genéticos.

Como ministrar: (Todas las órdenes serán dadas en el nombre de Jesús)
1. Eche fuera el espíritu de la enfermedad de Ménière.
2. Ordene el oído interno sea sanado, que los nervios y el flujo de la sangre al oído interno sean normales, que vuelva la audición normal y que todo mareo desaparezca.

ENFERMEDAD DE PARKINSON

La enfermedad [o mal] de Parkinson es un desorden cerebral caracterizado por temblar incontrolablemente (tremores) y dificultad para coordinar, moverse y caminar. Esta enfermedad causa daño a la parte del cerebro que controla el movimiento del cuerpo. Antes esta enfermedad fue llamada hemiplejía. Otro nombre médico es parálisis agitada.

La enfermedad de Parkinson es causada por una deterioración progresiva de las células nerviosas cerebrales que controlan los movimientos musculares. El parkinsonismo puede ser causado por factores externos, tales como ciertos medicamentos Además de la pérdida del control muscular, algunas personas con la enfermedad de Parkinson llegan a ser seriamente depresivas. Una persona con Parkinson severo puede también exhibir deterioración mental.

Como ministrar: (Todas las órdenes serán dadas en el nombre de Jesús)
1. Diríjalos en oración de arrepentimiento por las maldiciones generacionales.
2. Eche fuera el espíritu del mal de Parkinson.
3. Ordene un nuevo cerebro y tejidos nerviosos que funcionen normalmente y produzcan las cantidades correctas de dopamina.
4. Ordene sanidad a todas las partes afectadas del cuerpo.

ENFERMEDADES INCURABLES

Esto incluye cualquier enfermedad para la cual los doctores no puedan encontrar una cura.

Como ministrar: (Todas las órdenes serán dadas en el nombre de Jesús)
1. Eche fuera el espíritu o cualquier enfermedad que este presente.
2. Ore pidiendo sanidad y nuevas partes del cuerpo.
3. Diríjalos en oración de arrepentimiento, si fuere necesario.
4. Diríjalos en oración arrepentimiento para romper palabras de maldición enunciadas.

ENFERMEDAD MENTAL (Véase también Depresión, Esquizofrenia, Desorden Bipolar y Psicosis).

La enfermedad mental se refiere a cualquier desorden mental que causa una conducta anormal (incluyendo, pero no limitado a, esquizofrenia, demencia, depresión grave y desorden bipolar) acompañada de un deterioro significativo en las funciones, suspensión de actividades normales de la vida diaria, hospitalizaciones periódicas hasta una incapacidad absoluta. Los estudios investigativos indican que muchas de estas condiciones son causadas por una combinación de factores genéticos, biológicos, psicológicos y medioambientales. Con el tratamiento apropiado, las personas con estos problemas pueden vivir vidas normales

Como ministrar: (Todas las órdenes serán dadas en el nombre de Jesús)

1. Ordene que el espíritu de la enfermedad mental salga.
2. Diríjalos en oración de arrepentimiento por las maldiciones generacionales.
3. Si esta enfermedad es causada por un accidente o lesión, entonces ordene nuevos nervios y cerebro que funcionen perfectamente.
4. Si es por un desorden químico, entonces ordene que la cantidad químicas sea la normal.
5. Ordene que las frecuencias eléctricas y magnéticas sean armónicas y balanceadas.

ENFERMEDAD PULMONAR (Véase también Asma, Enfisema, EOCP, Pleuresía, Sarcoidosis y Neumonía).

La enfermada pulmonar es una enfermedad o un desorden en donde la función del pulmón es perjudicada. La mayoría de enfermedades pulmonares realmente incluyen una combinación de problemas respiratorios como el enfisema, algo que envuelve tanto la obstrucción del flujo de aire como también problemas de oxigenación.

Como ministrar: (Todas las órdenes serán dadas en el nombre de Jesús)

1. Ordene nuevos pulmones y nuevos órganos que puedan haber sido dañados.
2. Ordene que los sacos de aire se abran, el exceso de líquido se seque o cualquier síntoma que necesite ser sanado.
3. Diríjalos en oración de arrepentimiento, si fuere necesario.
4. Ordene que las frecuencias eléctricas y magnéticas funcionen en armonía y balance.

ENFERMEDAD PULMONAR OCUPACIONAL (Véase Enfermedades de Obstrucción Crónica Pulmonar).

ENFERMEDAD RESPIRATORIA (Véase Pulmones).

ENFERMEDADES VENÉREAS (ETS)

Estas enfermedades son enfermedades transmitidas sexualmente y son infecciosas, pasan de personan a persona por medio del contacto sexual. Por la actividad íntima, los organismos tienen la oportunidad más fácil de propagarse de una persona a otra. Una variedad de microorganismos se puede propagar de esta manera.

Algunas enfermedades puede se transmitidas por un beso o contacto cercano. También, la causa del SIDA se puede transmitir por no contacto sexual que puede ser por medio de madre a hijo al nacer o por medio de amamantar o exponiendo comida contaminada, el agua, la sangre o instrumentos médicos.

Como ministrar: (Todas las órdenes serán dadas en el nombre de Jesús)
1. Diríjalos en oración de arrepentimiento, si fuere necesario.
2. Maldiga la raíz de la infección viral y ordene que se vaya.
3. Ordene que el sanidad por todas las partes afectadas.
4. Diríjalos en oración de perdón, si fuere necesario.
5. Diríjalos en oración de arrepentimiento de la vida cotidiana y dieta inadecuada, si fuere necesario
6. Diríjalos en oración para colocar toda preocupación, estrés y ansiedad en el altar de Dios.

ENFISEMA

El enfisema es una condición en los pulmones que conlleva daño a los sacos de aire pulmonares. Estos sacos de aire no pueden vaciarse totalmente y por ende no pueden llenarse de aire fresco para asegurar que el suministro adecuado de oxígeno llegue al cuerpo. El fumar y otros contaminantes liberan químicos que dañan las paredes de los sacos de aire dentro de los pulmones. Este daño se agrava con el tiempo, afectando el intercambio de oxígeno y dióxido de carbón en los pulmones.

Como ministrar: (Todas las órdenes serán dadas en el nombre de Jesús)
1. Diríjalos en oración de arrepentimiento por el fumar, si fuere necesario (Véase Adicción).

2. Ordene un milagro creativo "por un nuevo par de pulmones".
3. Ordene que cualquier otro tejido dañado en el cuerpo sea sanado y funcione normalmente.

ENURESIS NOCTURNA

El orinar involuntariamente durante la noche, en los niños de cinco a seis años, es llamado enuresis nocturna. Los niños desarrollan un control completo de la vejiga a diferentes edades y el permanecer secos. El estar seco durante la noche es una de las últimas etapas de entrenamiento para usar el inodoro. Cuando los niños mojan la cama más de dos veces al mes a eso se le llama también incontinencia urinaria.

Cuando los niños que permanecen secos por lo menos seis meses y empiezan a mojar la cama otra vez tienen normalmente eso representa un problema secundario subyacente. El problema puede ser físico, emocional o simplemente un cambio en el patrón del sueño. Cuando el niño no permanece seco durante la noche, eso significa que su cuerpo está produciendo más orina de lo que la vejiga puede contener mientras el niño duerme profundamente. El cerebro del niño no responde a la señal de que la vejiga se llena durante la noche. Ni los niños ni los padres tienen la culpa de esto. Encontrará que los niños con este problema tienen una pierna más corta.

Como ministrar: (Todas las órdenes serán dadas en el nombre de Jesús)
1. Ore para que las piernas se nivelen.
2. Ordene a la pelvis que regrese a su alineamiento.
3. Ordene a la vértebra de la cintura que se ajuste, que los nervios de la vejiga se suelten, que la vejiga sea sanada y que funcione apropiadamente.
4. Ordene al cerebro que despierte al niño cuando la vejiga esté llena.

EPILEPSIA

La epilepsia es un desorden cerebral caracterizado por una periódica pérdida de conciencia que a menudo va acompañada por convulsiones. Estos episodios que función cerebral perturbada son causados por descargas eléctricas anómalas en los nervios del cerebro.

Normalmente duran un corto tiempo y ocasionalmente ocurren sin ser detectados.

Los ataques epilépticos pueden ser relacionados a las drogas, niveles anormales de sodio o glucosa, heridas en la cabeza o pueden ser hereditarios. A menudo esta condición puede ser provocada por luces intermitentes.

Como ministrar: (Todas las órdenes serán dadas en el nombre de Jesús)
1. Eche fuera el espíritu de epilepsia.
2. Ordene que las frecuencias eléctricas y magnéticas funcionen en armonía y balance
3. Diríjalos en oración de arrepentimiento cuando sea necesario.
4. Ordene que se desarrollen nuevos tejidos cerebrales y que funcionen normalmente.

EPSTEIN-BARR (Véase Mononucleosis).

ESCLERODERMIA (También conocido como Esclerosis Sistemática)

La esclerodermia es una enfermedad debilitante en la cual la piel se vuelve gruesa y dura. La esclerodermia puede también causar estos cambios en los vasos sanguíneos, los músculos del esqueleto y los órganos internos, causando muchas otras complicaciones que pueden ser fatales.

Como ministrar: (Todas las órdenes serán dadas en el nombre de Jesús)
1. Eche fuera el espíritu de la esclerodermia.
2. Ordene que el sistema inmunológico sea sanado y regrese a su función normal.
3. Ordene que nuevos tejidos reemplacen las áreas dañadas de la piel y todos los órganos internos afectados.
4. Ordene que las frecuencias eléctricas y magnéticas funcionen en armonía y balance.

ESCLEROSIS LATERAL AMOTRÓFICA (ELA)

También conocida como "enfermedad de Lou Gehrig". La esclerosis lateral amotrófica se caracteriza por la pérdida progresiva de la función de los nervios motores en la espina dorsal y en el cerebro. Los nervios motores controlan el movimiento voluntario de los músculos. Algunos casos de ELA han sido ligados a un defecto genético, mientras que en otros casos, la causa de la deterioración de los nervios es desconocida. Ésta puede llevar a la parálisis del sistema respiratorio y a la dependencia de ventiladores mecánicos para mantener la vida.

Como ministrar: (Todas las órdenes serán dadas en el nombre de Jesús)

1. Dirígelos en oración de arrepentimiento por las maldiciones generacionales.
2. Ordene al espíritu de ELA que se vaya.
3. Ordene un nuevo sistema nervioso y un nuevo cerebro.
4. Ordene que todos los sistemas sean completamente sanados y funcionen normalmente.

ESCLEROSIS MÚLTIPLE (EM)

La esclerosis múltiple es un desorden del cerebro y la espina dorsal causado por un daño progresivo en la parte externa de las células nerviosas. La disminución en la función de los nervios puede llevar a una variedad de síntomas que incluyen debilidad extrema con pérdida del control de los músculos y otras funciones del cuerpo.

Los episodios progresivamente atacan el sistema nervioso con una inflamación que destruye el revestimiento de las células nerviosas en el área, dejando muchas áreas con tejidos cicatrizados (llamado esclerosis). Esto resulta en la lentitud o bloqueo de la transmisión de los impulsos del nervio en esa área, dando así lugar a los síntomas de EM. Esta enfermedad progresiva lleva a la incapacidad total y dependencia para desarrollar las actividades de la vida diaria.

Como ministrar: (Todas las órdenes serán dadas en el nombre de Jesús)

1. Eche fuera el espíritu de esclerosis múltiple.
2. Diríjalos en oración de arrepentimiento por las maldiciones generacionales.
3. Ordene que el sistema inmunológico reaccione normalmente.
4. Ordene sanidad y función normal a todas las partes del cuerpo que han sido afectadas por la enfermedad.
5. Ordene que las frecuencias eléctricas y magnéticas funcionen en armonía y balance.

ESCOLIOSIS

La escoliosis es una curvatura anómala de la espina dorsal. Las causes de la escoliosis incluyen deformidades neuromusculares congénitas y enfermedades neuromusculares, tales como perlesía o parálisis cerebral, distrofia muscular, deformidades en la espina dorsal y polio.

Se puede sospechar del padecimiento de escoliosis cuando un hombro pareciera ser más alto que el otro o cuando la pelvis se ve girada.

Como ministrar: (Todas las órdenes serán dadas en el nombre de Jesús)
1. Diríjalos en oración de arrepentimiento por las maldiciones generacionales.
2. Eche fuera el espíritu de escoliosis.
3. Ordene que los huesos de la espalda, costillas y estructura de soporte del cuerpo regresen a su perfecto alineamiento.
4. Ordene que los músculos, tendones y ligamentos se fortalezcan.
5. Ordene el alineamiento de las piernas.
6. Ordene el alineamiento de los brazos.
7. Ordene el alineamiento de la pelvis.

ESQUIZOFRENIA

La esquizofrenia es un serio desorden mental con síntomas de inestabilidad emocional, aislamiento, desilusiones, alucinaciones, comportamiento anómalo, pensamiento desordenado, conducta catatónica (enrollado en posición fetal), con un efecto hosco.

Como ministrar: (Todas las órdenes serán dadas en el nombre de Jesús)
1. Diríjalos en oración de arrepentimiento por las maldiciones generacionales.
2. Ordene que los químicos y hormonas en el cuerpo funcionen balanceadamente.
3. Ordene que el cerebro procese la información apropiada.
4. Ordene un nuevo cerebro.
5. Diríjalos en oración de arrepentimiento, si fuere necesario.

ESTERILIDAD (Véase Infertilidad).

143

ESTREÑIMIENTO

El estreñimiento se refiere a la irregularidad o dificultad del funcionamiento de los intestinos. El estreñimiento puede causar dolor a la hora de excretar o por pujar por más de diez minutos, o por no defecar por varios días. Los bebés pueden pasar hasta siete días sin defecar, especialmente si solamente se les amamanta; sin embargo, eso es poco común.

Muy frecuentemente, el estreñimiento se debe a una dieta baja en fibras, falta de actividad física y/o no tomar suficiente agua. El estrés y el viajar también pueden contribuir al estreñimiento o al cambio de hábito digestivo. Las enfermedades intestinales (tales como el síndrome de irritación intestinal, la enfermedad de Crohn), el embarazo, ciertas condiciones médicas, problemas de salud mental, enfermedades neurológicas, demasiado estrés o medicamentos pueden también contribuir al estreñimiento.

Como ministrar: (Todas las órdenes serán dadas en el nombre de Jesús)

1. Ordene que el colon funcione normalmente.
2. Diríjalos en oración de arrepentimiento, si fuere necesario.
3. Diríjales en oración de arrepentimiento por llevar una dieta inadecuada, si fuere necesario.
4. Diríjalos en oración para colocar toda ansiedad, estrés, temor o preocupación en el altar de Dios.

ESTRÉS (Véase también Desorden Post-Traumático de Estrés)

El estrés pude venir de cualquier situación que causa frustración, enojo o ansiedad. El estrés es parte de la vida cotidiana. En cantidades pequeñas, el estrés es bueno porque puede motivar a una persona a ser más productiva. Pero, mucho estrés puede ser dañino porque puede empeorar enfermedad como infecciones, enfermedades del corazón o depresión.

El estrés persistente puede precipitar conductas malsanas como el comer demasiado, alcohol o drogas. Los problemas emocionales, el duelo, la depresión o condiciones de la salud, tales como una tiroides hiperactiva, baja azúcar o ataque al corazón pueden causar estrés. El estrés llega de muchas direcciones, personas, problemas financieros, problemas de trabajo, desastres, heridas y demás.

Como ministrar: (Todas las órdenes serán dadas en el nombre de Jesús)

1. Diríjalos en oración para colocar toda preocupación, estrés y ansiedad en el altar de Dios.
2. Ordene que todos los químicos y hormonas regresen a su normalidad.
3. Diríjalos en oración de arrepentimiento, si fuere necesario.
4. Pida la paz de Dios sobre ellos.

EVENTO TRAUMÁTICO

Un evento traumático es una experiencia amenazante o un evento que causa angustia o daño físico, emocional y psicológico. Es percibido y experimentado como una amenaza a la seguridad individual o a la estabilidad del ambiente de cada quien.

Como ministrar: (Todas las órdenes serán dadas en el nombre de Jesús)

1. Ordene que el espíritu de trauma y miedo se vaya.
2. Diríjalos en oración para colocar toda preocupación, estrés y ansiedad en el altar de Dios.
3. Diríjalos en oración de perdón o arrepentimiento.
4. Pida la paz de Dios sobre ellos.

FALLA CONGESTIVA DEL CORAZÓN (FCC)
(VÉASE TAMBIÉN CORAZÓN).

FARINGITIS (VÉASE TAMBIÉN DOLOR DE GARGANTA).

FIBROMIALGIA

La fibromialgia es una condición común caracterizada por dolores que se extienden a las coyunturas, músculos, tendones y otros tejidos blandos. Otros problemas comúnmente asociados a la fibromialgia incluyen fatiga, rigidez matutina, problemas del sueño, dolores de cabeza, adormecimiento de las manos y pies, depresión y ansiedad. La fibromialgia puede desarrollarse sola o estar asociada a otras condiciones, tales como artritis reumática o lupus sistemático.

El dolor causado por la fibromialgia puede imitar los síntomas que ocurren con la artritis. El dolor es descrito como que se dispersa, atormenta, descarga o quema. Las personas afectadas tienen la tendencia de levantarse quejándose de dolor y rigidez en el cuerpo. La causa es desconocida.

Como ministrar: (Todas las órdenes serán dadas en el nombre de Jesús)

1. Eche fuera el espíritu de fibromialgia.
2. Ordene que los dolores, rigidez y pesares se vayan.
3. Ordene que las frecuencias eléctricas y magnéticas funcionen en armonía y balance.
4. Diríjalos en oración de arrepentimiento, si fuere necesario.
5. Diríjalos en oración para colocar todo estrés, ansiedad, preocupación y temor en el altar de Dios.

FIBROSIS CÍSTICA

La fibrosis cística [o quística] es una enfermedad hereditaria que causa problemas respiratorios y digestivos. Ésta afecta las glándulas mucosas y también las glándulas sudoríparas. Esta mucosidad formada en las vías respiratorias de los pulmones aumenta el riesgo de infecciones pulmonares crónicas. Muchas enzimas pancreáticas envueltas en el metabolismo y uso de la grasa en los intestinos están ausentes. La absorción inadecuada de los nutrientes del tracto intestinal lleva a la desnutrición.

Como ministrar: (Todas las órdenes serán dadas en el nombre de Jesús)

1. Diríjalos en oración de arrepentimiento por las maldiciones generacionales.
2. Eche fuera el espíritu de fibrosis cística.
3. Imponga manos en el cuerpo para que éste secrete las enzimas normalmente y que el metabolismo regrese a su estado normal.
4. Ordene que los pulmones, páncreas e hígado sean sanados y funcionen normalmente.

FIEBRE (Véase Alergias).

FIEBRE DEL HENO (Véase Alergias).

FIEBRE REUMÁTICA

La fiebre reumática es una enfermedad inflamatoria causada por la bacteria estreptococos, la misma que causa la infección en la garganta y la escarlatina.

FISURA RECTAL

Esta es una grieta o desgarramiento en el recto, el cual hace evacuaciones del intestino grueso difíciles y dolorosas, también puede causar sangrado.

Como ministrar: (Todas las órdenes serán dadas en el nombre de Jesús)

1. Imponga manos en la parte inferior de la cintura y ordene que los tejidos sean sanados y que la fisura sea cerrada.
2. Ordene que el dolor se vaya.

FLEBITIS

La flebitis es una inflamación en las venas. La tromboflebilitis es una inflamación de los venas relacionada a un coágulo dentro de la misma. Los factores de riesgo incluyen el permanecer sentado prolongadamente y el aumento de factores coagulantes en la sangre. Los desórdenes específicos asociados con la tromboflebitis incluyen la flebitis superficial (afecta vasos sanguíneos cerca la superficie de la piel) y la trombosis venosa profunda (Véase TVP).

Como ministrar: (Todas las órdenes serán dadas en el nombre de Jesús)

1. Ordene que los coágulos de sangre se disuelvan.
2. Ordene que la infección e inflamación se vayan y la sangre vuelva a funcionar normalmente.
3. Diríjalos en oración de arrepentimiento por las maldiciones generacionales.

GINGIVITIS (Véase también Encías).

GLÁNDULA PITUITARIA

La glándula pituitaria es una pequeña glándula en la base del cerebro. Esta glándula produce hormonas que controlan a otras glándulas u órganos e influyente procesamientos esenciales del cuerpo, esto incluye pero no se limita a, crecimiento de la estructura de los huesos, madurez sexual y metabolismo general.

La disminución en la función de ésta resulta en retardación del crecimiento (enanismo) en la niñez y una disminución en la función de las glándulas endocrinas. El aumento de función puede, en los niños, resultar en un crecimiento anormal (gigantismo [o elefantismo]), y en adultos esto es conocido como la acromegalia. La pituitaria también segrega una hormona que incrementa las contracciones urinarias y una hormona que incrementa la re-absorbición de agua en los riñones.

Las inflamaciones, infecciones y lesiones pueden causar que la glándula funcione mal, asimismo pueden causar cáncer u otro tipo de tumores. Hay muchos desórdenes que resultan de los tumores y enfermedad pituitarios incluyendo, pero no limitándose a, la enfermedad de Cushing y la enfermedad de Addison.

Como ministrar: (Todas las órdenes serán dadas en el nombre de Jesús)
1. Si la causa es conocida, entonces ministre la causa.
2. Imponga manos en la cabeza y ordene que la glándula pituitaria funcione adecuadamente y produzca la cantidad adecuada de hormonas.
3. Ordene que todas las partes afectadas sean sanadas y funcionen normalmente.

GLÁNDULAS ADRENALES (VÉASE TAMBIÉN ENFERMEDAD DE ADDISON).

Las glándulas adrenales [o suprarrenales] están localizadas en la parte superior de los riñones. Estas glándulas secretan hormonas tales como la adrenalina, la cual afecta la presión arterial, la palpitación del corazón y el sudor. En momentos de tensión o ansiedad, las glándulas adrenales producen más adrenalina para que el cuerpo pueda lidiar con el "estrés". Ellas secretan muchas hormonas que controlan el uso de las grasas, las proteínas y los carbohidratos en el cuerpo, como también las hormonas sexuales masculinas. Las glándulas también producen un mineral corticoide que controla la presión sanguínea y los niveles de sal y potasio en el cuerpo.

El hipotálamo o la glándula pituitaria producen otras hormonas que, a su vez, controlan las glándulas adrenales. La función anómala de estas otras glándulas puede causar problemas con las glándulas adrenales. La producción anormal de hormonas, enfermedades o infecciones dentro o alrededor de las glándulas adrenales también puede causar problemas.

Las personas que padecen de un desorden de glándulas adrenales muy constantemente sufren de estrés, preocupaciones o exceso de trabajo y se toman poco tiempo para descansar o dormir adecuadamente.

Como ministrar: (Todas las órdenes serán dadas en el nombre de Jesús)

1. Reprenda cualquier infección o proceso de enfermedad subyacente y ordene que las glándulas adrenales funcionen normalmente.
2. Ordene que las hormonas vuelvan a su nivel normal.
3. Dirígelos en oración de arrepentimiento (que coloquen las preocupaciones en el altar de Dios), el estrés (que entreguen los problemas a Jesús) o el no descansar (Dios requiere un día de reposo).

GLÁNDULAS SALIVALES

Las glándulas salivales producen saliva, la cual humedece la comida ayudando a mascarla e ingerirla. La saliva contiene enzimas que empiezan el proceso digestivo, limpia la boca al lavar las bacterias y partículas de comida, mantiene húmedas las membranas de la boca y ayuda a mantener la dentadura postiza o las aplicaciones ortodoncias en lugar.

Las glándulas salivales están ubicadas en cada lado de las mejillas, frente a los oídos, en la parte posterior de la boca en ambos lados de la mandíbula y debajo del suelo de la boca. Todas esas glándulas desprenden saliva a la boca en varios lugares de la misma. Las glándulas salivales puede inflamarse (irritarse) debido a infección, tumores o piedras. Las paperas son inflamación de las glándulas salivales en frente de los oídos.

Como ministrar: (Todas las órdenes serán dadas en el nombre de Jesús)

1. Ordene que cualquier infección, tumor o piedras se vayan.
2. Ordene nuevas glándulas salivales.
3. Diríjalos en oración de arrepentimiento para romper palabras de maldición enunciadas.

GLAUCOMA

El glaucoma se refiere al aumento de la presión del líquido dentro del ojo, lo cual daña el nervio óptico, limita la visión y puede llevar a ceguera total.

La incrementada presión ocurre cuando el líquido dentro del ojo no desagua apropiadamente. Ese aumento de presión reduce el suministro de sangre al nervio óptico que es el que lleva la información visual del ojo al cerebro. La pérdida de suministro de sangre causa que las células del nervio mueran y se desarrollan manchas cegadoras. La visión lateral es afecta primero, seguida de la visión frontal. Sin tratamiento, el glaucoma puede eventualmente causar la ceguera total.

Como ministrar: (Todas las órdenes serán dadas en el nombre de Jesús)
1. Ordene que los canales de los ojos se abran y que toda la presión se normalice para permitir que el líquido fluya normalmente.
2. Ordene que cualquier proceso de enfermedad o tejido cicatrizado sea sanado y que los ojos vuelvan a la normalidad.
3. Ordene que las células del nervio óptico que hayan sido dañadas sean sanadas y funcionen normalmente.

GLOTONERÍA (Véase también Adicciones y Obesidad).

GOTA

La gota es un desorden muy doloroso que envuelve depósitos de cristales de ácido úrico en las coyunturas de los pies y las piernas. Los pacientes con gota crónica tienen repetidos episodios de dolor debilitante en las coyunturas.

Aunque la causa exacta no es conocida, se cree que la producción excesiva de ácido úrico contribuye a su desarrollo. La reducida habilidad del riñón para eliminar el ácido úrico también podría ser un factor.

Como ministrar: (Todas las órdenes serán dadas en el nombre de Jesús)
1. Imponga manos en el área afectada y ordene que los cristales se disuelvan y que los tejidos y huesos sean sanados.
2. Ordene que el cuerpo produzca una cantidad normal de ácido úrico.

3. Diríjalos en oración de arrepentimiento por las maldiciones generacionales.

GRIPE

Esta es una infección contagiosa de la nariz, garganta y pulmones que causa el virus de la influenza. Los síntomas comunes incluyen fiebre alta (más de 102 grados Fahrenheit), frío, sudor y fatiga severa. El virus puede quedarse en la vía respiratoria, produciendo síntomas adicionales de la gripe o el resfrío, dolor de garganta, bronquitis, infección en el oído, o neumonía. Usualmente, la tos y el cansancio dura todo el período de la enfermedad.

La gripe [conocida también como influenza] es propagada al inhalar gotitas de tos o estornudos de una persona contagiada o al tocar una superficie contaminada (como los grifos o el teléfono) y luego tocarse la nariz o la boca. La influenza se propaga en el aire y es muy contagiosa con un período corto de incubación. A menudo afectando una comunidad entera a la vez, la influenza llega mayormente en los meses de invierno. Lavarse bien las manos es un factor importante para detener su propagación.

Como ministrar: (Todas las órdenes serán dadas en el nombre de Jesús)
1. Reprenda la infección y maldiga la raíz.
2. Ordene que el sistema inmunológico se fortalezca y funcione normalmente.
3. Ordene que las frecuencias eléctricas y magnéticas funcionen en armonía y balance.
4. Ordene que todo el dolor e incomodidad desaparezcan.
5. Ordene que todo el tejido afectado sean sanado y que funcione normalmente.

HEMORROIDES

Las hemorroides es una dolorosa hinchazón de los vasos sanguíneos en la parte inferior del recto o ano. Las hemorroides son el resultado de la alta presión en vasos sanguíneos, causando que éstas se abulten y expandan haciendo que a su vez estos síntomas sean muy dolorosos particularmente al ir al defecar o al sentarse.

Esta condición es muy común durante el embarazo y después del parto debido a la enorme presión causada de llevar a un niño en el vientre; sin embargo, la causa más común es el hacer demasiado esfuerzo al defecar. Las hemorroides pueden resultar del estreñimiento, del estar sentados por un largo período de tiempo y por infecciones en el área. Las preparaciones tópicas pueden ayudar a controlar la incomodidad. La remoción quirúrgica es otra opción.

Como ministrar: (Todas las órdenes serán dadas en el nombre de Jesús)

1. Imponga manos en la parte inferior de la espalda y ordene que las hemorroides sean sanadas.
2. Ordene que los vasos sanguíneos vuelvan a su tamaño y función normales.
3. Reprenda el dolor.
4. Ajuste la pelvis a su estado de alineamiento.
5. Ordene que los nervios y músculos se relajen y funcionen normalmente.
6. Diríjales en oración de arrepentimiento por llevar una dieta inadecuada, si fuere necesario.

HEPATITIS C

La hepatitis C es una inflamación en el hígado causada por la infección con el virus de la Hepatitis C. La hepatitis C es con frecuencia detectada durante los exámenes de sangre de un examen físico o procedimiento médico rutinarios. Si la infección ha estado presente por muchos años, puede que el hígado quede permanentemente cicatrizado—una condición llamada cirrosis. En muchos casos, no habrá síntomas de la enfermedad hasta que la cirrosis se ha desarrollado.

La hepatitis C es un virus que se encuentra en la sangre al cual muchas veces se le refiere como a "epidemia silenciosa" debido a que los síntomas pueden no aparecer sino hasta años después que la persona ha sido infectada.

Como ministrar: (Todas las órdenes serán dadas en el nombre de Jesús)

1. Maldiga el virus y ordene que el espíritu se vaya.
2. Diríjalos en oración de arrepentimiento, si fuere necesario.

3. Ordene un milagro creativo por un nuevo hígado si estuviera dañado.

4. Ordene las frecuencias eléctricas y magnéticas en armonía y balance.

HERNIA

La hernia ocurre cuando partes de un órgano (normalmente los intestinos) despuntan por medio de un punto débil de la pared muscular que sostiene a los órganos abdominales en su lugar. Aparece como una inflamación suave en el área. Usualmente no hay causas obvias para una hernia, aunque algunas veces se le asocia con el levantar cosas pesadas

Hay varias tipos de hernias, basados en el lugar donde ocurren. Los tipos más comunes que incluyen los intestinos son: Hernia inguinal (un bulto en la ingle o el escroto), hernia femular (un bulto en la parte superior del muslo), hernia insicional (bulto cicatrizado después de una operación abdominal), y, hernia umbilical (un bulto alrededor del ombligo).

Las hernias raramente desaparecen sin tratamiento alguno. Si el tejido abdominal sobresaliente queda atrapado y no puede regresar a la cavidad abdominal, la reducción de suministro de sangre a la sección intestinal atrapada puede llevar a que el tejido muera. Si no se atiende, la personal puede desarrollar señales y síntomas de obstrucción intestinal, lo cual incluye cólicos, inflamación y vómito. Cirugía de emergencia puede ser necesaria.

Hernia de hiato—Esta protuberancia del estómago en la parte superior del diafragma causa dolor, indigestión y con dificultad para ingerir. La comida puede ser atrapada en esta bolsa, causando un dolor severo como también vómito espontáneo. Los síntomas pueden ser similares a los del ERGE.

Como ministrar: (Todas las órdenes serán dadas en el nombre de Jesús)

1. Ordene el alineamiento de las manos.

2. Ordene el alineamiento de las piernas.

3. Ordene que la hernia desaparezca; que los músculos, nervios, tendones, ligamentos y tejidos sean sanados y restaurados a su alineamiento, fuerza y función apropiados.

4. Ordene que la pelvis vuelva a su alineamiento adecuado.
5. Diríjalos en oración de arrepentimiento por las maldiciones generales.

HERPES

El herpes es una infección viral que afecta varias partes del cuerpo.

HERPES SIMPLE HSV-1 (VEJIGUILLAS)

Esta es una infección causada por el virus de herpes simple y es conocida como vejiguillas [ampollas o úlcera bucales]. Afecta principalmente las áreas de los labios, boca y rostro, causando frecuentemente vejiguillas, o ampollas provocadas por la fiebre. Este virus de herpes es transmitido por medio de saliva infectada.

Como ministrar: (Todas las órdenes serán dadas en el nombre de Jesús)
1. Maldiga a la raíz del virus y ordene que el espíritu se vaya
2. Diríjalos en oración de arrepentimiento por las maldiciones generacionales.
3. Ordene sanidad para todas las áreas infectadas y que los tejidos afectados sean restaurados.
4. Ordene que las frecuencias eléctricas y magnéticas funcionen en armonía y balance.
5. Ordene que todas las partes afectadas se sanen y los tejidos afectados sean restaurados.

HERPES SIMPLE HSV-2 (HERPES GENITAL)

El herpes genital es transmitido por infección sexual viral que es caracterizada por brotes repetitivos de pequeñas ampollas dolorosas, ulceras o vejiguillas en los genitales o áreas de la piel que los rodea.

Como ministrar: (Todas las órdenes serán dadas en el nombre de Jesús)
1. Maldiga a la raíz del virus y ordene que el espíritu se vaya.
2. Diríjalos en oración de arrepentimiento por las maldiciones generacionales.
3. Ordene sanidad para todas las áreas infectadas y que los tejidos afectados sean restaurados.
4. Ordene que las frecuencias eléctricas y magnéticas funcionen en armonía y balance.

5. Diríjalos en oración de arrepentimiento, si fuere necesario.
6. Ordene que el sistema inmunológico sea fuerte y que funcione apropiadamente.

HERPES ZÓSTER: (BROTES EN LA PIEL)

El herpes zóster [o culebrilla] es una infección local causada por el virus varicela zóster, el cual puede causar un brote muy doloroso en la piel. El herpes zóster es causado por el mismo virus que causa la varicela. Después de un episodio de varicela, el virus adormece, escondiéndose en los conductos nerviosos del cuerpo. El herpes zóster se desarrolla porque el virus que aparece nuevamente después de varios años. En una persona susceptible, las ampollas con líquido pueden causarle varicela.

Como ministrar: (Todas las órdenes serán dadas en el nombre de Jesús)
1. Maldiga a la raíz del virus y ordene que el espíritu se vaya.
2. Diríjalos en oración de arrepentimiento por las maldiciones generacionales.
3. Ordene sanidad para todas las áreas infectadas y que los tejidos afectados sean restaurados.
4. Ordene que las frecuencias eléctricas y magnéticas funcionen en armonía y balance.
5. Diríjalos en oración para colocar toda ansiedad, preocupación y estrés en el altar de Dios.
6. Ordene que el sistema inmunológico sea fuerte y que funcione apropiadamente.

HIPERLIPIDEMIA (VÉASE COLESTEROL ALTO).

HIPERTENSIÓN (TAMBIÉN LLAMADA ALTA PRESIÓN SANGUÍNEA, VÉASE PROBLEMAS DE PRESIÓN).

HIPERTROFIA BENIGNA DE LA PRÓSTATA (VÉASE PROBLEMAS DE LA PRÓSTATA).

HIPO

El hipo es un espasmo involuntario del músculo del diafragma en la base de los pulmones. Este espasmo va seguido por un cierre de las cuerdas vocales, lo cual produce un sonido distintivo a medida que el aire deja de entrar en los pulmones.

Los hipos aparecen por ninguna razón aparente y normalmente desaparecen después de unos minutos. Ocasionalmente, los hipos persisten por días, semanas y hasta meses. Los hipos son comunes y normales en recién nacidos y niños.

Como ministrar: (Todas las órdenes serán dadas en el nombre de Jesús)
1. Ordene que el diafragma este en paz y que los espasmos cesen.

HIPOGLUCEMIA (Bajo Nivel del Azúcar)

La hipoglucemia ocurre cuando el azúcar en la sangre del cuerpo, o glucosa, es anormalmente baja. Ésta puede desarrollarse cuando la glucosa del cuerpo es digerida muy rápidamente, cuando la glucosa es expelida muy despacio en el flujo de la sangre, o cuando hay exceso de insulina en la corriente sanguínea. La insulina es una hormona que reduce la glucosa en la sangre y es producida por el páncreas en respuesta al aumento de los niveles de glucosa en la sangre. El término de choque de insulina [o choque insulínico] es usado para describir la severa hipoglucemia que resulta en lipotimia. Si los niveles de azúcar continúan disminuyendo, puede incurrir en ataques epilépticos y muerte. La hipoglucemia es relativamente común en los diabéticos si no comen lo suficiente después haber tomado su medicamento antidiabético (oral o inyectado).

Como ministrar: (Todas las órdenes serán dadas en el nombre de Jesús)
1. Diríjalos en oración de arrepentimiento por las maldiciones generacionales.
2. Ordene que el espíritu de hipoglucemia se vaya.
3. Ordene un nuevo páncreas para mantener los niveles de azúcar en niveles normales.

HOMOSEXUALIDAD Y LESBIANISMO

Estos términos identifica a aquellos individuales que prefieren sus relaciones íntimas con otros del mismo sexo; el término de homosexual se refiere a hombres, y, lesbiana se refiere a mujeres. El individuo debe desear ser libres de sus deseos antes de ser liberados y sanados de esta condición.

Como ministrar: (Todas las órdenes serán dadas en el nombre de Jesús)
1. Diríjalos en oración de arrepentimiento por idolatría.
2. Pídales que se arrepientan de sus pecados sexuales, si fuere necesario (no detalles son necesarios).
3. Diríjalos en oración para romper los pactos licenciosos
4. Eche fuera los espíritus de homosexualismo y lesbianismo.
5. Diríjalos en oración de arrepentimiento por las maldiciones generacionales.
6. Ministre al vacío de sus corazones. Pida paz sobre ellos.

HUESOS ROTOS

Una ruptura de cualquier tamaño es llamada fractura. Si el hueso roto perfora la piel, es llamada una fractura abierta (o fractura compuesta). Una fractura por presión en los huesos puede ocurrir en las personas que sufren osteoporosis cuando el área debilitada del hueso simplemente se quiebra durante un movimiento o actividad normal del día o por un pequeño golpe.

Como ministrar: (Todas las órdenes serán dadas en el nombre de Jesús)
1. Ordene a los huesos afectados que se unan en alineamiento y fuerza normales y que sean sanados.
2. Ordene a todos los músculos, tendones, nervios y ligamentos que se alineen con los huesos sanados y que la fuerza sea restaurada.
3. Reprenda el trauma y ordene al dolor que desaparezca.

INCONTINENCIA

La incontinencia urinaria es la incapacidad de controlar el pasaje de la orina hacia afuera del cuerpo. Este puede ir desde una ocasional filtración de orina hasta una total incapacidad de controlar la orina. Hay dos tipos principales de incontinencia urinaria.

La incontinencia por estrés ocurre durante ciertas actividades como el toser, estornudar, reír, o hacer ejercicio.

La incontinencia imperiosa envuelve una necesidad fuerte y repentina de orinar seguida de una involuntaria pérdida de orina.

La incontinencia es más común entre los ancianos. La pérdida del control puede también ser causada por la pérdida de la función después de problemas neurológicos como una lesión en la espina dorsal, lesión en el cerebro, operación de la espalda o embolia. Esta es común en las mujeres después de dar a luz a varios hijos, o en los hombres después una cirugía en la próstata.

La incontinencia intestinal es la incapacidad de controlar las excreciones. Esto puede ir desde una ocasional filtración de heces hasta una pérdida completa del control de las evacuaciones intestinales. Esta pérdida de control puede ser causada por la pérdida de la función después de una lesión en la espina dorsal, lesión en el cerebro, operación de la espalda o embolia. La infección, irritabilidad del colon y las enfermedades como el Crohn, también pueden contribuir a este problema. Esto es común en las personas que tienen una capacidad mental limitada.

Como ministrar: (Todas las órdenes serán dadas en el nombre de Jesús)

1. Ordene que los nervios y músculos en el área afectada funcionen normalmente.
2. Ordene que cualquier irritación o infección se vaya.
3. Diríjalos en oración para colocar el estrés, ansiedad y preocupación en el altar de Dios.

INDIGESTIÓN (VÉASE ERGE).

INFARTO (ACCIDENTE CARDIOVASCULAR)

El infarto es una interrupción del suministro de la sangre a cualquier parte del cerebro haciendo una depravación de los tejidos cerebrales de oxigeno y de nutrientes necesarios para que funcione normalmente. Si el flujo de la sangre en el cuerpo es interrumpido por más de unos segundos, las células del cerebro pueden morir y causar un daño permanente. El área del cerebro que es afectada ya no puede comunicarse con el cuerpo, resultando en pérdida de función. Una interrupción puede ser causada ya sea por coágulos de sangre, sangrado cerebral (aneurisma o ruptura de alguna vena debido a la presión arterial incontrolada) o partículas que bloquean el flujo de la sangre (ateroesclerosis). Esta es una las mayores causas de muerte en los Estados Unidos, como también una de las causas principales de adultos incapacitados.

Los síntomas del infarto y sus secuelas son casi siempre los mismos: Adormecimiento, debilidad, parálisis en un lado del cuerpo, pérdida del habla, problemas visuales, mareos, pérdida de coordinación, confusión y pérdida de la memoria. Si es severo, el infarto puede dejar a la persona totalmente dependiente de otra persona para su cuidado y movimiento.

Un "infarto leve" o ATE es una interrupción temporal del flujo de sangre a una parte del cerebro (oficialmente este término se denomina ataque transitorio de isquemia). Inicialmente, los síntomas pueden ser los mismos de un infarto; no obstante, los síntomas duran de unos minutos a algunos días. Un ATE normalmente desaparece sin dejar efectos permanentes aparentes; sin embargo, se considera un aviso de que un verdadero infarto está por ocurrir.

Como ministrar: (Todas las órdenes serán dadas en el nombre de Jesús)
1. Eche fuera el espíritu de muerte.
2. Ordene cualquier que bloqueo sea disuelto y removido.
3. Ordene que todo el tejido cerebral dañado, las otras partes afectadas del cuerpo sean sanados, restaurados y funcionen normalmente.
4. Ordene un cerebro nuevo, si fuere necesario
5. Ordene que la comunicación del cerebro al cuerpo sea restaurada y que funcione normalmente.

INFECCIÓN

Cualquier Infección causada por numerosos organismos como bacterias, virus, hongos o parásitos.

Como ministrar: (Todas las órdenes serán dadas en el nombre de Jesús)
1. Reprenda la infección.
2. Ordene al cuerpo que sea sanado y vuelva a su condición y función normal.
3. Ordene que el sistema inmunológico funcione apropiadamente.
4. Diríjalos en oración de arrepentimiento, si fuere necesario.
5. Ordene que las frecuencias eléctricas y magnéticas funcionen en armonía y balance.

INFECCIÓN DEL OÍDO (Véase también Otitis Media).

INFECCIÓN EN EL TRACTO URINARIO

Una infección en el tracto urinario, o ITU, es una infección que puede desarrollarse en cualquier parte del conducto urinario incluyendo los riñones, el uréter (tubo que lleva la orina de ambos riñones a la vejiga), la vejiga y la uretra (tubo que drena la orina de la vejiga al exterior).

La mayoría de las infecciones en el tracto urinario son causadas por bacteria que entra desde el exterior del cuerpo. La causa más común es la bacteria llamada E-Coli, la cual proviene del excremento. Los ancianos (especialmente aquellos que sufren de incontinencia crónica) y los diabéticos son más propensos a estas infecciones. Cistitis es el término que describe una inflamación en la vejiga. Nefritis es una inflamación en los riñones. El limpiarse apropiadamente después de usar el baño puede prevenir la ITU.

Como ministrar: (Todas las órdenes serán dadas en el nombre de Jesús)
1. Reprenda la infección y ordene que se vaya.
2. Ordene que los riñones, la vejiga y todos los tejidos y nervios sean restaurados a su estructura y funciones normales.
3. Diríjalos en oración de arrepentimiento, si fuere necesario.

INFECCIONES DE LA VEJIGA (Véase Infecciones Urinarias).

INFERTILIDAD

La infertilidad es la incapacidad para lograr un embarazo. Las causas de la infertilidad incluyen una gran variedad de factores físico como también emocionales. Los factores que contribuyen a esto pueden venir de ambas personas. Quizás no haya causa alguna que puede ser identificada.

Como ministrar: (Todas las órdenes serán dadas en el nombre de Jesús)
***Antes de ministrar, confirme que estén casados.
1. Ordene que la pelvis se ajuste.
2. Ordene que el aparato reproductor funcione normalmente.
3. Diríjalos en oración de arrepentimiento por las maldiciones generacionales.

4. Diríjalos en oración de arrepentimiento por pactos licenciosos.

5. Diga, "Padre, Tu Palabra dice que el vientre de Tus hijos no será estéril, y que harás de la mujer estéril una muy feliz madre de muchos hijos".

INFLAMACIÓN (Véase Edema).

INFLAMACIÓN EN EL DEDO GORDO

Esta inflamación es una enfermedad que envuelve el ácido úrico y los deposita en los ligamentos. Este desorden causa dolor especialmente en los ligamentos de los pies y piernas. Los pacientes con esta inflamación crónica pueden tener episodios repetitivos de dolor.

La causa es una sobre producción del ácido úrico o una reducción del hígado en eliminar este ácido. La causa exacta es desconocida. Es más común en los hombres, y mujeres pre-menopáusicas, y personas con alta presión. El uso de alcohol en exceso, o diabetes, u obesidad incremental los riesgos de tener esta condición. La condición puede desarrollarse al tomar un medicamento que interfiera con la segregación del ácido úrico.

Como ministrar: (Todas las órdenes serán dadas en el nombre de Jesús)

1. Imponga manos en la área afectada y ordene que la cristalización se disuelva y los tejidos con nervios se sanen

2. Ordene que el cuerpo produzca la cantidad normal de ácido úrico.

3. Diríjalos en oración de arrepentimiento por las maldiciones generacionales.

INFLUENZA (Véase Gripe).

INSOMNIO (Véase también Desórdenes del Sueño).

INSUFICIENCIA ADRENAL (Véase Enfermedad de Addison).

JUANETE

Los juanetes son causados por los dedos apretados, zapatos con tacones altos o que no tallan bien. La presión sobre el dedo gordo lo empuja hacia dentro casi uniéndolo al segundo dedo. Ésta causa una marcada protuberancia en la base del dedo gordo. La condición puede convertirse en dolorosa a medida que el hueso crece sobre la base del dedo gordo y se llena de líquido. Esto lleva a la hinchazón, aumenta la presión y el dolor. Los juanetes ocurren frecuentemente en las mujeres y algunas veces son hereditarios.

Como ministrar: (Todas las órdenes serán dadas en el nombre de Jesús)
1. Diríjalos en oración de arrepentimiento por las maldiciones generacionales.
2. Reprenda la inflamación.
3. Ordene el alineamiento de las piernas.
4. Ordene a los dedos y huesos de los pies que regresen a su lugar, que los ligamentos se fortalezcan y que el pie vuelva a la normalidad.

LABIO LEPORINO Y PALADAR HENDIDO

El labio leporino y el paladar hendido es una anormalidad del labio superior, y, del paladar duro y blando de la boca, estos se presentas antes del nacimiento. Estas anormalidades de desarrollo pueden alcanzar desde una pequeña incisión en el labio superior hasta una abertura completa en el techo de la boca y la nariz. Esas malformaciones pueden aparecer separadas o juntas.

El labio leporino y el paladar hendido pueden ser vistos en asociación otros defectos o síndromes de nacimiento. Existen numerosas causas para estos defectos de nacimiento, incluyendo los genes mutantes, drogas, virus y otras toxinas que pueden causar desarrollos fetales anormales. Al igual que es causa de desfiguración, estas anormalidades pueden causar dificultades alimenticias, problemas en el desarrollo del hablar y recurrentes infecciones del oído.

Como ministrar: (Todas las órdenes serán dadas en el nombre de Jesús)
1. Diríjalos en oración de arrepentimiento por las maldiciones generacionales.
2. Imponga manos en la boca, ordenando un milagro creativo para que todos los tejidos y estructuras afectadas vuelvan a la normalidad.
3. Ordene que el dolor desaparezca.

LARINGITIS

La laringitis es una inflamación en la caja de la voz conocida como la laringe debido al excesivo uso de la voz o también por una infección o irritación. Adentro de la laringe están las cuerdas vocales que normalmente que se abren y cierran delicadamente a medida que las palabras o los sonidos son producidos. Las cuerdas vocales se inflaman cuando se infectan, causando distorsión de los sonidos o enronquecimiento de la voz. El enronquecimiento a largo plazo puede indicar un problema subyacente más serio.

La laringitis puede ser causada por dolor en la garganta o por tener la garganta seca, infección viral, infección bacterial, resfriado, gripe o neumonía. Usar demasiado la voz por hablar mucho, hablar muy fuerte, gritar o cantar sobre un largo período de tiempo.

Como ministrar: (Todas las órdenes serán dadas en el nombre de Jesús)
1. Maldiga la raíz de la infección viral o bacterial.
2. Diríjalos en oración de arrepentimiento por las maldiciones generacionales.
3. Ordene que la inflamación e irritación se vayan.
4. Ordene que todos los tejidos de la garganta funcionen normalmente y sean totalmente sanados.

LESIÓN CERVICAL DE LATIGAZO

La lesión cervical de latigazo es causada cuando el tejido blando del cuello es lastimado espontáneamente junto con la cabeza. Este tipo de movimiento le pone cierta presión en los músculos y ligamentos en el cuello que sobrepasa la presión máxima en los músculos y ligamentos.

Cuando un vehículo se detiene repentinamente durante un choque automovilístico, o es chocado por detrás, el cinturón de seguridad guarda a la persona de ser expulsada del automóvil. Sin embargo, la cabeza puede moverse bruscamente hacia al frente, mientras el cuerpo se hace para atrás, causando la lesión cervical de latigazo. Además, este tipo de lastimadura puede causarse en lugares de entretenimiento como los juegos eléctricos incluyendo en la montaña rusa.

Como ministrar: (Todas las órdenes serán dadas en el nombre de Jesús)
1. Maldiga el dolor y ordene que se vaya.
2. Ordene que el cuello regrese a su alineamiento.

LEUCEMIA

La leucemia es un tipo de cáncer de sangre. Las células sanguíneas inmaduras se multiplican incontrolablemente en la médula y pueden tomar el lugar de sangre normal. Esto lleva a infección (no hay suficientes células blancas para destruir la bacteria), anemia (no hay suficientes células rojas para llevar oxígeno al cuerpo), sangrado anómalo (disminución de plaquetas, las que ayudan a coagular), otros malfuncionamientos del cuerpo y muerte. Si se deja sin tratar, la leucemia aguda puede ser fatal en cuestiones de semanas o meses, dependiendo de la situación del paciente.

Como ministrar: (Todas las órdenes serán dadas en el nombre de Jesús)
1. Maldiga la raíz de la leucemia y eche fuera el espíritu de muerte.
2. Diríjalos en oración de arrepentimiento por las maldiciones generacionales.
3. Diríjalos en oración de arrepentimiento o falta de perdón si fuere necesario.
4. Ordene las frecuencias eléctricas y magnéticas que funcionen en armonía y balance.
5. Maldiga los priones y ordéneles que se disuelvan y sean descartados.
6. Ordene que la médula produzca la cantidad apropiada de células blancas.

LIGAMENTOS (Desgarrados o Dañados)

Los ligamentos conectan los huesos y cartílagos en cada coyuntura o soportan los órganos, músculos u otro tipo de partes en el cuerpo. Puesto que los ligamentos están localizados en todo el cuerpo, este tipo de lesión puede ocurrir en cualquier parte; no obstante, los lugares más comunes para estas lesiones son en las coyunturas de los hombros, brazos, piernas, cadera o espalda. Esta condición es usualmente causada por una torcedura, estirarse excesivamente o alguna forma de trauma.

Como ministrar: (Todas las órdenes serán dadas en el nombre de Jesús)

1. Reprenda cualquier infección o inflamación.
2. Ordene el alineamiento necesario: Como el alineamiento de brazos o piernas, cuello, espalda y/o pelvis.
3. Diríjalos en oración de arrepentimiento, si fuere necesario.
4. Ordene que todos los ligamentos sean sanados y restaurados a sus funciones normales.

LIGAMENTOS ROTARIOS

Vitales para el funcionamiento de los hombros, los ligamentos rotarios son un grupo de músculos y tendones que controlan la rotación del hombro y mantienen unido al brazo a su "globo y lena". Los tendones mantienen unidos los poderosos músculos del hombro y los huesos de los brazos y manos, permitiéndole a los músculos del brazo extenderse hacia fuera o hacia arriba.

Los tendones pueden desgarrarse por exceso de uso o lesión. Los síntomas más comunes de la ruptura de los ligamentos rotatorios pueden incluir: Dolor recurrente, dolor en el hombro que no permite dormir en el lado lastimado, debilidad muscular, limitada movilidad del brazo y debilidad muscular. Una completa separación (o ruptura) de los ligamentos rotatorios usualmente requieren reparación quirúrgica.

Como ministrar: (Todas las órdenes serán dadas en el nombre de Jesús)

1. Ordene que los músculos, tendones y ligamentos se enderecen y regresen a la medida y fortaleza normal.
2. Ordene que los ligamentos rotatorios sean sanados y que toda infección e inflamación se vaya.
3. Ordene que la lena sea bien lubricada y el cartílago sea restaurado.
4. Eche fuera el espíritu de artritis, si fuere necesario.
5. Ore el alineamiento de los brazos.
6. Ordene que el dolor se vaya y ordene que movilidad completa se restaurada.

LINFEDEMA (Véase Edema).

MANCHAS FLOTANTES O "MOSCAS VOLANTES"

Las manchas aparecen como "flotando" en su visión. Las manchas flotantes [que a algunas personas les parecen como "moscas volantes"], que realmente ocurren dentro del ojo, son pequeños detritos que aparecen y desaparecen sin tratamiento. Descritos como pequeños hilos, usualmente no nos preocupantes; sin embargo, pueden ser un síntoma de desgarro en la retina.

Como ministrar: (Todas las órdenes serán dadas en el nombre de Jesús)
1. Imponga manos en los ojos, ordenando que la sangre y los líquidos de los ojos sean restaurados a su función normal y que todas las sustancias extrañas se disuelvan.
2. Ordene que una perfecta vista sea restaurada.
3. Si fuere necesario, diríjalos en oración de arrepentimiento.

MANOS (Véase también Brazos).

MAREOS (Véase también Vértigos).

Los mareos son síntomas comunes neurológicos. A la forma más común de un mareo severo se le conoce como a vértigo. Este término describe una sensación de movimiento donde no hay movimiento alguno o un sentido exagerado de movimiento en respuesta a cierto movimiento del cuerpo.

Ambos síntomas están asociados a molestias en el oído, como también a una variedad de otras enfermedades. La sensación de mareo está frecuentemente acompañada por otros síntomas, tales como inestabilidad, ansiedad, mareos leves y pérdida de balance. Las causas oscilan entre infección, fatiga o alergias. Una descripción común de esto puede ser "me da vueltas la cabeza". Eso también puede ser síntoma de bajo ritmo cardíaco, baja presión arterial o efectos secundarios de medicamentos.

Como ministrar: (Todas las órdenes serán dadas en el nombre de Jesús)
1. Ordene que las frecuencias eléctricas y magnéticas funcionen en armonía y balance.
2. Ordene que el líquido del oído interno regrese a su estado normal.

3. Ordene que el balance normal regrese y que las causas subyacentes desaparezcan.

MENOPAUSIA (Véase Problemas Femeninos).

MIASTENIA GRAVIS

La miastenia gravis es un desorden neuromuscular causado por una respuesta autoinmune anómala. Ésta exhibe variadas debilidades de los músculos voluntarios, las cuales mejoran con el descanso pero empeoran con la actividad. En la miastenia gravis, la información del cerebro no llega adecuadamente a los músculos por medio de los conductos nerviosos. La causa principal es desconocida. En algunos casos, la miastenia gravis puede estar asociada con tumores de algún órgano del sistema inmunológico.

Como ministrar: (Todas las órdenes serán dadas en el nombre de Jesús)
1. Eche fuera el espíritu de miastenia gravis.
2. Ordene que los nervios receptores en los músculos sean sanados y funcionen normalmente.
3. Ordene que el sistema inmunológico sea restaurado y funcione normalmente
4. Ordene que las frecuencias eléctricas y magnéticas funcionen en armonía y balance.

MIEDO

Este es un temor anormal a las situaciones, personas o cosas normales.

Como ministrar: (Todas las órdenes serán dadas en el nombre de Jesús)
1. De ser posible, identifique cómo y cuándo empezó este problema.
2. Diríjalos en oración de arrepentimiento o perdón cuando sea necesario.
3. Eche fuera el espíritu de miedo.
4. Diríjalos en oración para colocar toda ansiedad, preocupación y temor en el altar de Dios.
5. Pida la paz sobre ellos.

MIGRAÑA (Véase Dolores de Cabeza).

MIOPÍA

La miopía es un problema visual que hace que los objetos distantes se vean borrosos, mientras que los objetos cercanos se ven claramente. Como resultado, alguien con miopía tiene la tendencia a experimentar cierto grado de estrabismo cuando ve objetos lejanos. Esta condición es mayormente identificada en los niños de edad escolar o adolescentes, y, requiere frecuentes cambios de anteojos o lentes de contacto.

Como ministrar: (Todas las órdenes serán dadas en el nombre de Jesús)
1. Imponga manos en los ojos, ordene que los lentes, nervios, ligamentos y músculos se ajusten y funcionen adecuadamente.
2. Ordene que la visión sea restaurada.
3. Diríjalos en oración de arrepentimiento, si fuere necesario.

MONGOLISMO (Véase Síndrome de Down).

MONONUCLEOSIS (También conocido como la Enfermedad del Beso)

La mononucleosis infecciosa (mono) o fiebre glandular es comúnmente llamada la "enfermedad del beso" porque al besar puede esparcirse el virus de Epstein-Barr que causa esta enfermedad, aunque más frecuentemente el toser, estornudar o simplemente compartir el mismo baso o taza tomar agua puede transmitir el virus.

Los síntomas incluyen un severo dolor de garganta, problemas para ingerir comida, fatiga, debilidad, nodales linfáticos inflamados, dolor de cabeza, y fiebre, entre otros. La enfermedad usualmente no es muy seria; sin embargo, el virus permanece en el cuerpo de por vida y los efectos perennes de agotamiento pueden quedarse por varios meses.

La mononucleosis puede resultar en complicaciones como la anemia, inflamación del corazón, meningitis, encefalitis, ataques epilépticos, perlesía de Bell, síndrome de Guillain-Barré y amígdalas inflamadas, los cuales pueden causar problemas de respiración.

Como ministrar: (Todas las órdenes serán dadas en el nombre de Jesús)
1. Ordene que el virus y todos los síntomas se vayan.
2. Ordene que el sistema inmunológico funcione normalmente.
3. Ordene que las frecuencias eléctricas y magnéticas funcionen en armonía y balance.
4. Ordene que todos los sistemas del cuerpo regresen a su estado normal incluyendo la circulación, la función de los nervios, la fortaleza de músculos, y los niveles de resistencia.

NACIMIENTO

Como ministrar: (Todas las órdenes serán dadas en el nombre de Jesús)
1. Ore por un parto fácil y un niño normal.
2. Pida bendición por un niño saludable y normal dentro de la matriz con el poder del Espíritu Santo.
3. Dirija a los padres en oración para dedicar el niño a Dios.
4. Ordene a la pelvis que gire en perfecta posición para el parto.

NARCOLEPSIA (Véase Desordenes del Sueño).

NERVIOSISMO (Véase también Miedo y Ansiedad).

NEUMONÍA

La neumonía es una inflamación de los pulmones causada por un organismo infeccioso, tal como bacteria, virus u hongo. La severidad de la misma depende del tipo de organismo que causa la neumonía, como también la edad y la subyacente condición de la salud de la persona en sí. La neumonía es preocupante particularmente en los adultos de avanzada edad, así como en las personas con enfermedades crónicas o con problemas en sus sistemas inmunológicos.

Como ministrar: (Todas las órdenes serán dadas en el nombre de Jesús)
1. Maldiga la inflamación y ordene que el virus o bacteria muera.
2. Ordene sanidad y que los pulmones sean limpiados de cualquier exceso de líquido.
3. Ordene que todas las cicatrices sean sanadas.

4. Diríjalos en oración de arrepentimiento, si fuere necesario.
5. Ordene que las frecuencias eléctricas y magnéticas funcionen en armonía y balance.

OBESIDAD

El ser obeso significa estar sobre peso. Un adulto es considerado obeso cuando su peso es 20% o 25% más de su peso ideal máximo. Cualquier persona con más de 100 libras de sobre peso es considerada obesa.

La obesidad incrementa los riesgos de salud y muerte debido a la diabetes, ataques al corazón, enfermedad de la arteria coronaria, hipertensión, colesterol alto o problemas de riñón o de vesícula. La obesidad es también considerada un factor de riesgo para el desarrollo de osteoartritis y apnea al dormir. Los niños cuyos sus padres son obesos tienen diez veces más posibilidades de ser obesos, que los niños con padres cuyo peso es adecuado.

Como ministrar: (Todas las órdenes serán dadas en el nombre de Jesús)
1. Diríjalos en oración de arrepentimiento por las maldiciones generacionales.
2. Diríjalos en oración de arrepentimiento por su vida diaria o dieta inadecuada, si fuere necesario
3. Ordene que la tiroides o cualquier otro órgano responsable sea sanado.
4. Imponga manos en la cabeza y ordene que el appestat (centro de control del apetito) que se reajuste a los niveles normales y al peso que se corrija y vuelva grado saludable".
5. Diríjalos en oración para colocar toda preocupación, estrés y ansiedad en el altar de Dios.
6. Ordene que el metabolismo funcione normal y que el peso de la persona este saludable.

OJO PEREZOSO (Véase Ambliopía).

OJOS BIZCOS O VIRADOS (Véase también Estrabismo).

Una desviación del alineamiento de un ojo en relación al otro es llamada estrabismo. Debido a la falta de coordinación entre los ojos y a un desigual desarrollo de los músculos que controlan los movimientos del ojo, los ojos parecen ir en diferentes direcciones y no enfocarse a la misma vez en un mismo objeto. La causa es desconocida y usualmente se presenta al momento de nacer o poco tiempo después.

Cuando ambos ojos fallan en enfocarse en el mismo objeto, el cerebro ignora la información de un ojo. Si se permite que esto continúe, el ojo que el cerebro ignora nunca funcionará normalmente. Cuando los ojos ven hacia afuera [mirada divergente], se les llama ojos virados. Cuando ven hacia dentro [mirada convergente], se les llama ojos bizcos.

Como ministrar: (Todas las órdenes serán dadas en el nombre de Jesús)
1. Imponga manos en los ojos y orden que los músculos, ligamentos y tejidos sean sanados y recuperen su fuerza tamaño normal.
2. Diríjalos en oración de arrepentimiento por las maldiciones generacionales.
3. Ordene al cerebro que funcione normalmente y procese la información de ambos ojos.
4. Ordene que cualquier tejido cicatrizado sea removido.

OJOS RESECOS

La resequedad en los ojos es causada por la falta de lágrimas, el líquido claro y necesario para la lubricación del ojo. Las lágrimas lavan cualquier partícula extraña que entra en los ojos. Las personas con ojos resecos sentirán una sensación irritante, abrasiva o punzante. La resequedad en los ojos puede llevar a pequeñas abrasiones en la superficie de los ojos.

Como ministrar: (Todas las órdenes serán dadas en el nombre de Jesús)
1. Ordene que cualquier bloqueo anómalo se vaya y que haya sanidad.
2. Ordene a las glándulas que produzcan la cantidad normal de líquido para mantener los ojos saludables.

OSTEOARTRITIS (También llamada Enfermedad Degenerativa de las Coyunturas, OA u EDC)

La osteoartritis causa el desgaste del cartílago de los huesos y la formación de nuevos huesos (espolones óseos) en varias coyunturas del cuerpo. Los factores metabólicos, genéticos, químicos y mecánicos juegan un papel en este desarrollo. Asociada con el proceso de envejecimiento, esta es la forma más común de la artritis. Para cuando llegan a la edad de setenta años, casi todas las personas tienen cierto grado de osteoartritis.

El cartílago de la coyuntura afectada se endurece y desgasta hasta que un hueso roza al otro. Generalmente, se desarrollan espolones óseos alrededor de las coyunturas de las manos, dedos, caderas, rodillas, dedo gordo del pie y la espina cervical y lumbar. El daño a la coyuntura puede iniciarse después de algún trauma en el área, uso ocupacional excesivo, obesidad, o, el tener pies encorvados o rodillas contrechas.

La incomodidad de la osteoartritis puede oscilar entre un dolor debilitador leve o severo, limitando progresivamente el movimiento de las coyunturas.

Como ministrar: (Todas las órdenes serán dadas en el nombre de Jesús)
1. Diríjalos en oración de arrepentimiento por las maldiciones generacionales.
2. Eche fuera el espíritu de osteoartritis.
3. Ordene que los cartílagos sean restaurados y que las coyunturas sean sanadas.
4. Diríjalos en oración de perdón.
5. Ordene que las frecuencias eléctricas y magnéticas funcionen en armonía y balance.

OSTEOPOROSIS

La osteoporosis, el tipo más común de la enfermedad del hueso, es un adelgazamiento de los huesos y pérdida de la densidad de los huesos. La osteoporosis ocurre cuando el cuerpo falla en formar suficientes huesos nuevos, cuando los huesos viejos son reabsorbidos por el cuerpo o ambas. Puesto que el calcio y el fosfato son esenciales en la formación y reparación normal de los huesos, las deficiencias nutritivas pueden contribuir al desarrollo de la osteoporosis tanto en los hombres como en las mujeres. Otras causas posibles incluyen el hipertiroidismo, el uso excesivo de esteroides, el estar confinado a una cama, y, el cáncer en los huesos.

Si no es tratada a tiempo, la osteopenia (densidad del hueso anormalmente baja) puede eventualmente deteriorarse y volverse osteoporosis. La joroba de Dowager (una marcada curvatura anormal de la espina dorsal en el área de los omoplatos y parte posterior de la espalda) se debe a los cambios en los huesos de la cavidad toráxico.

La complicación principal de osteoporosis u osteopenia es una frágil estructura ósea. Las fracturas pueden ocurrir fácilmente con una simple torcedura o movimiento normal, y, no sanan fácilmente. Estas fracturas pueden ser muy debilitantes.

Como ministrar: (Todas las órdenes serán dadas en el nombre de Jesús)
1. Diríjalos en oración de arrepentimiento por las maldiciones generacionales.
2. Eche fuera el espíritu de osteoporosis.
3. Ordene que el cuerpo absorba el calcio y otros minerales necesarios para regenerar huesos nuevos y fuertes.
4. Ordene que la espalda y el sacrum se enderecen y que todos los huesos se fortalezcan.
5. Diríjalos en oración de arrepentimiento para el perdón o para romper palabras de maldición enunciadas, si fuere necesario.
6. Ordene que todo el dolor se vaya.

OTITIS MEDIA

La otitis media es una inflamación o infección del oído medio, la cual ocurre cuando el conducto desde la parte trasera de la garganta hasta el oído medio se bloquea. La otitis media crónica es diagnosticada cuando el conducto se obstruye repetidamente o permanece bloqueado por un largo período debido a las alergias, infecciones múltiples, trauma al oído, inflamación del adenoides.

Una infección puede propagarse hacia el hueso mastoides detrás del oído (conocido como mastoiditis), o la presión de líquido acumulado puede romper el tímpano y dañar los huesos del oído medio, causando problemas auditivos.

Como ministrar: (Todas las órdenes serán dadas en el nombre de Jesús)
1. Reprenda el hongo o infección en el oído.

2. Ordene que los conductos se abran y que el líquido fluya normalmente.
3. Ore para que el cuello se alinee apropiadamente.
4. Ordene que la sangre fluya al oído interno y remueva las impurezas.
5. Diríjalos en oración de arrepentimiento por las maldiciones generacionales.
6. Ordene que el dolor se vaya y la audición regrese.
7. Ordene que el sistema inmunológico funcione apropiadamente.

PANCREATITIS

La pancreatitis es una inflamación o infección en el páncreas, órgano que segrega enzimas digestivas y hormonas (insulina). Los problemas en el páncreas pueden afectar la función muchos otros órganos del cuerpo y pueden ser muy serios.

Las causas de pancreatitis incluyen el abuso del alcohol, obstrucción de los conductos de la bilis, infecciones virales, lesiones traumáticas, procedimientos quirúrgicos en el páncreas o conducto biliar, medicamentos, altos niveles lípidos en la sangre y complicaciones de fibrosis cística.

Como ministrar: (Todas las órdenes serán dadas en el nombre de Jesús)
1. Maldiga la raíz de la infección viral o bacterial.
2. Diríjalos en oración de arrepentimiento para romper palabras de maldición enunciadas.
3. Ordene que el dolor, inflamación e irritación se vayan.
4. Ordene que todas las células dañadas sean sanadas y funcionen normalmente.

PÉRDIDA DE BALANCE (Véase también Mareos, Vértigo y Enfermedad de Ménière)

La pérdida de balance puede ser descrita como ligeros mareos, sin mucho equilibrio, síntomas de desmayo, o vértigo (la habitación parece estarse moviendo o girando). Los mareos o la pérdida del balance pueden ocurrir cuando no fluye la suficiente sangre al cerebro. Esto puede ser causado por un repentino descenso de la presión sanguínea o deshidratación, seguido de vómitos, diarrea, fiebre u otras causas. Las personas mayores pueden sentir esto si se levantan muy rápido de donde están recostados o sentados (a esto se le llama hipotensión ortoestática o postura hipotensa). Muy frecuentemente, los mareos vienen acompañados de gripe, resfriado, alergia, mareo producido por el movimiento o problema del oído interno. También pueden ser efectos secundarios de algún medicamento, como las pastillas para la presión arterial o para heridas en la cabeza.

Como ministrar: (Todas las órdenes serán dadas en el nombre de Jesús)
1. Reprenda las causas de la pérdida de balance (por ejemplo, infección, enfermedad, pérdida de sueño, etc.).
2. Ordene al cuello que vuelva a su alineación.
3. Ordene el alineamiento de los brazos.
4. Ordene al balance central del oído interno que sane y a los huesos temporales que giren de regreso a su posición.

PÉRDIDA DEL CABELLO (Véase también Calvicie).

PERIODONTITIS (Véase también Enfermedad de la Encía)

La periodontitis es un desorden dental que resulta del no haber tratado o haber atrasado el tratamiento de gingivitis. La enfermedad de la encía conlleva inflamación e infección en los ligamentos y huesos que soportan a los dientes. Cuando la inflamación e infección se propaga de las encías a los ligamentos y huesos que sostienen los dientes, esto hace que los dientes se aflojen y luego se caigan. La periodontitis es la causa principal de la pérdida de los dientes en los adultos.

Como ministrar: (Todas las órdenes serán dadas en el nombre de Jesús)
1. Ordene que la infección se vaya.
2. Ordene que las encías sean sanadas y que los tejidos sean restaurados.
3. Diríjalos en oración de arrepentimiento o para romper palabras de maldición enunciadas.

PERLESÍA (Véase Enfermedad de Parkinson, Perlesía Cerebral, Perlesía de Bell)

PERLESÍA DE BELL

La perlesía de Bell es causada por un daño en el nervio craneal y está caracterizada por un babeo repentino y reducción en la habilidad para mover algunos músculos faciales. La causa no siempre es clara. Se cree que este desorden puede estar asociado con la inflamación del nervio facial al pasar por los huesos del cráneo. Otras condiciones como sarcoidosis, diabetes, y erliquiosis [conocida también como "lyme", la enfermedad producida por las picaduras de las garrapatas] están asociadas con la perlesía de Bell, el aumento de estrés puede agravar los síntomas.

Como ministrar: (Todas las órdenes serán dadas en el nombre de Jesús)
1. Eche fuera al espíritu de perlesía de Bell.
2. Ordene al dolor que desaparezca.
3. Suavemente imponga manos sobre el rostro, ordenando que los nervios se regeneren y se restauren a la perfección.

PESADILLAS

Una pesadilla es un sueño que trae fuertes sentimientos inexplicables de terror, miedo, angustia o ansiedad extrema. Ellas típicamente ocurren en la noche [más bien en la madrugada] y normalmente despiertan a la persona quien después recuerda los detalles del sueño. Las pesadillas tienden a ser más comunes en los niños y disminuyen en frecuencia durante la edad adulta. Parecen provenir de previos traumas o abusos.

Como ministrar: (Todas las órdenes serán dadas en el nombre de Jesús)
1. Diríjalos en oración de arrepentimiento por las maldiciones generacionales.
2. Diríjalos en oración de arrepentimiento por ver entretenimientos diabólicos en la TV o en el cine.
3. Pida la paz de Dios sobre ellos.

PERLESÍA CEREBRAL (También llamado PC o Parálisis Espástica)

La perlesía cerebral, o PC, es un grupo de desorden caracterizados por la pérdida del control de los movimientos o de las funciones de los nervios. Estos desórdenes son causados por lesiones a la parte del cerebro que domina las facultades mentales superiores, sensaciones, y actividades voluntarias de los músculos. La lesión ocurre durante la formación fetal o antes del momento de nacer.

Inicialmente, se pensaba que la perlesía cerebral estaba relacionada a la falta de oxígeno en el cerebro al momento del nacimiento, pero se ha demostrado que este es un causo inusual de perlesía cerebral. En algún momento, las áreas afectadas del cerebro reciben niveles bajos de oxígeno, pero la causa exacta no ha sido identificada. Cierto tipo de perlesía cerebral puede ocurrir, provocando daño cerebral, después de una lesión o herida

Como ministrar: (Todas las órdenes serán dadas en el nombre de Jesús)

1. Reprenda al espíritu de perlesía cerebral.
2. Ore pidiendo un nuevo cerebro en su cuerpo.
3. Ordene comunicación normal del cerebro con otras partes del cuerpo.
4. Ordene que los músculos, tendones y nervios funcionen apropiadamente.
5. Diríjalos en oración de arrepentimiento por las maldiciones generacionales.

PIERNA CORTA

A menos que haya un defecto de nacimiento o pérdida de huesos, las piernas cortas son causadas por problemas de la espalda que hacen encoger los músculos, ligamentos y huesos, haciendo que la pierna parezca "corta".

Como ministrar: (Todas las órdenes serán dadas en el nombre de Jesús)

1. Ordene el alineamiento de las piernas.
2. Ordene que la espalda sea sanada, que los músculos, tendones y ligamentos regresen a su tamaño y fortaleza normales, y, que se alineen apropiadamente.
3. Si la pierna es realmente más corta o más pequeña, ordene un milagro creativo. Ordene que la pierna crezca a su tamaño normal.

PIERNAS ENCORVADAS

Las rodillas y caderas se forman hacia los extremos. Una persona con este problema tiene un aspecto de "vaquero".

Como ministrar: (Todas las órdenes serán dadas en el nombre de Jesús)

1. Ordene a la pelvis que regrese a su alineamiento.
2. Ordene el alineamiento de las piernas.
3. Ordene a las piernas que se enderecen.

PIES (Véase también Juanetes, Callos, Gota, Dedo de Pichón y Dedos de Martillo)

La mayoría de problemas en los pies son hereditarios o provienen de una lesión; no obstante, también pueden ser defectos de nacimiento como los pies zopos [o zambos].

Como ministrar: (Todas las órdenes serán dadas en el nombre de Jesús)

1. Ordene que los veinte-seis huesos en cada pie vuelvan a su posición normal, sean sanados y sean fuertes.
2. Diríjalos en oración de arrepentimiento por las maldiciones generacionales.
3. Ordene que cualquier infección se vaya.
4. Ordene que todas las fracturas o cicatrices sean sanadas.

PIES DE PATO

Pies excesivamente volteados hacia afuera.

Como ministrar: (Todas las órdenes serán dadas en el nombre de Jesús)

1. Diríjalos en oración de arrepentimiento por las maldiciones generacionales.
2. Ordene un ajuste en los huesos de la pelvis.
3. Ordene que la cintura, las piernas y los pies regresen a su posición normal y sean totalmente sanados.

PLEURESÍA

La pleuresía es una inflamación del tejido que reviste los pulmones y puede desarrollarse en una en presencia de inflamación pulmonar (neumonía, gripe o tuberculosis), enfermedades reumáticas, lupus, trauma del pecho, cáncer, pancreatitis, coágulo sanguíneo en el pulmón o simplemente después de una operación del corazón.

El síntoma principal es dolor en las paredes del pecho cuando se respira, tose y/o cualquier movimiento del pecho. El líquido con frecuencia se acumula al haber inflamación, lo cual puede interferir con la respiración.

Como ministrar: (Todas las órdenes serán dadas en el nombre de Jesús)
1. Maldiga la inflamación y ordene que se vaya.
2. Ordene que los líquidos regresen a sus niveles normales.
3. Ordene que el dolor se vaya y que todo tejido cicatrizado sea sanado y vuelva a su estado normal.
4. Diríjalos en oración de arrepentimiento, si fuere necesario.

POLIO O POLIOMIELITIS

La poliomielitis es una enfermedad contagiosa causada por el virus de polio. Esta condición debilitante puede afectar todo el cuerpo, incluso los músculos y nervios, llevando a la pérdida del movimiento voluntario y al desgaste muscular. Los casos severos pueden causar parálisis permanente o muerte.

La transmisión del virus ocurre por el contacto directo de persona a persona, por el contacto con secreciones infectadas, o por el contacto con excremento infectado. Aunque el último caso de polio se identificó en los Estados Unidos en 1979, la polio todavía afecta otras partes del mundo.

SÍNDROME DE LA POST-POLIO

El síndrome de la post-polio afecta a las personas que se han recuperado de la polio; este síndrome es un grupo de síntomas debilitantes que aparecen entre diez y cuarenta años después de la enfermedad inicial. Los signos y síntomas comunes incluyen debilidad muscular, extenuación con la mínima actividad, dolor en los músculos y las coyunturas, problemas de respiración y problemas para ingerir alimentos, apnea al dormir y poca tolerancia a la temperatura fría.

Como ministrar: (Todas las órdenes serán dadas en el nombre de Jesús)
1. Eche fuera el espíritu de polio.

2. Ordene un milagro creativo para la espina dorsal y sus tejidos dañados como los nervios, ligamentos, tejidos y tendones para que sean sanados y funcionen normalmente.

POLIMIOSITIS

La polimiositis está caracterizada por la inflamación y degeneración de los músculos de los hombros y caderas. La causa de este desorden no es segura. Los doctores creen que una reacción autoinmune o una infección viral del músculo esquelético pueden causar el problema. La polimiositis, en sus formas más severas, puede ser debilitante.

Como ministrar: (Todas las órdenes serán dadas en el nombre de Jesús)
1. Ordene que el sistema inmunológico se fortalezca y funcione normalmente.
2. Ordene nuevo músculos para el cuerpo.
3. Ordene que las frecuencias eléctricas y magnéticas funcionen en armonía y balance.
4. Diríjalos en oración de perdón, si fuere necesario.
4. Ordene que los tejidos u órganos dañados sean sanados y funcionen normalmente.
5. Pida la paz de Dios sobre ellos.

PROBLEMAS CONYUGALES

Los problemas conyugales incluyen, pero no se limitan a, falta de intimidad sexual, egoísmo, deshonestidad, molestar demasiado, falta de respeto por el cónyuge, desatención al cónyuge, no escuchar al cónyuge, infidelidad, ruptura de comunicación, abuso y/o dificultades financieras.

Como ministrar: (Todas las órdenes serán dadas en el nombre de Jesús)
1. Pídales a ambos cancelar las deudas que se deben mutuamente.
2. Diríjalos en oración de perdón.
3. Pídales que cada uno ofrezca su corazón sin condiciones.
4. Instrúyalos a buscar consejería sana de cristianos que tienen matrimonios exitosos.

PROBLEMAS DE DISCO (Véase también Problemas de la Espalda)

Esto se le conoce como a "disco dislocado". El disco (o amortiguamiento) entre dos vértebras (huesos de la espina dorsal) se ha deteriorado o está siendo forzado hacia afuera, presionando un nervio y causando dolor o molestias.

Como ministrar: (Todas las órdenes serán dadas en el nombre de Jesús)

1. Ministre como si lo haría con los problemas de la espalda y ordene que el disco sea restaurado, sanado y recreado, si fuere necesario; ordene que toda la presión de los nervios sea descargada y que toda inflamación se vaya.
2. Ordene que la vértebra sea sanada, que rote a su lugar, que los huesos se unan si hay fractura, que las costillas sean sanada y regresen a su lugar, y, que todo dolor desaparezca.

PROBLEMAS DE LA ESPALDA (Véase también Problemas de Disco)

El dolor de espalda es uno de los problemas más comunes que los médicos tratan. Casi cuatro de cinco personas pasan por la experimentarán dolor de la espalda en algún momento de sus vidas. La mayoría de estos casos no tiene una causa identificable y específica para el dolor.

Los problemas de la espalda pueden desarrollarse por tensión muscular, lesiones, uso excesivo, desorden muscular, presión en la raíz del nervio, postura incorrecta, ruptura de discos, o fracturas de la espina dorsal. Las mujeres embarazadas, los fumadores, los trabajadores de construcción y las personas que levantan cosas repetitivamente aumentan el riesgo de tener problemas de la espalda, lo cual se puede convertir en un dolor crónico.

Como ministrar: (Todas las órdenes serán dadas en el nombre de Jesús)

Señale con precisión el problema, donde fuere posible. (Por ejemplo, pregunte: ¿Cuál es el diagnóstico médico? ¿Qué sabe usted específicamente acerca del problema? ¿Le duele? ¿Tuvo algún accidente? ¿Ha tenido cirugía?).

1. Para los problemas de la cintura, ordene el alineamiento de las piernas.

2. Para el dolor en la mitad de la espalda, ordene el alineamiento de los brazos.

3. Para el dolor en la parte superior de la espalda, ordene al cuello regresar a su alineamiento apropiado.

4. Ordene a la pelvis que gire a su posición perfecta y que la espina dorsal se alinee perfectamente.

5. Haga cualquier o todo esto si lo necesita y repítalo si fuere necesario.

6. Ordene a los discos, vértebras, músculos, ligamentos y tendones que sanen y se ajusten. Sea específico cuando fuere posible.

7. Ore pidiendo un nuevo disco o vértebra en la espalda, si fuere necesario.

8. Ordene que todo dolor desaparezca.

PROBLEMA ESTOMACAL

Este incluye cualquier problema asociado con el estómago.

Como ministrar: (Todas las órdenes serán dadas en el nombre de Jesús)

1. De ser posible, determine el problema específico para las partes dañadas sean sanadas y que nuevas partes sean creadas y funcionen normalmente.

2. Diríjalos en oración para colocar toda preocupación, estrés y ansiedad en el altar de Dios.

3. Diríjalos en oración del arrepentimiento para romper palabras de maldición enunciadas.

PROBLEMAS FEMENINOS (Endometriosis, Tumores Fibrosos, SPM y Prolapso Uterino)

Este incluye cualquier problema con los órganos reproductivos femeninos. Aquí van incluidos los dolorosos períodos menstruales, el SPM (síndrome premenstrual), la endometriosis, la amenorrea (ausencia períodos menstrúales por seis o más meses) y el prolapso uterino.

Como ministrar: (Todas las órdenes serán dadas en el nombre de Jesús)

1. Ordene que todos los tejidos, nervios y tejidos funcionen normalmente.

2. Ordene que la pelvis vuelva a su alineamiento normal. (Haga el ajuste de la pelvis).
3. Ordene que el sacro rote a la posición correcta.
4. Ordene que cualquier infección o irritación se vaya.
5. Ordene cualquier tejido cicatrizado, partes dañadas o destruidas sean sanados y que funcione adecuadamente.
6. Ordene que todas las hormonas funcionen balanceadamente.
7. Ordene que las frecuencias eléctricas y magnéticas funcionen en armonía y balance.

ENDOMETRIOSIS

La endometriosis es una condición en la cual el endometrio, tejido que normalmente reviste el útero, crece en otras partes del cuerpo causando dolor, sangrado irregular e infertilidad. El crecimiento del tejido típicamente ocurre en el área pélvica, afuera del útero, en los ovarios, en los intestinos, en el recto, en la vejiga o en el revestimiento de la pelvis, pero también puede crecer en otras áreas del cuerpo.

La causa de la endometriosis es desconocida. Las cicatrices y adhesiones resultantes de este proceso de enfermedad pueden causar infertilidad.

Como ministrar: (Todas las órdenes serán dadas en el nombre de Jesús)
1. Diríjalos en oración de arrepentimiento por las maldiciones generacionales.
2. Ordene que los órganos femeninos funcionen normalmente.
3. Ordene que la pelvis vuelva a su alineamiento apropiado.
4. Ordene que el tejido adicional y las cicatrices se disuelvan.

DOLOR MENSTRUAL (DISMENORREA)

La menstruación puede ir acompañada de un dolor intenso, discontinuo y agudo que usualmente está localizado en la pelvis o en la parte inferior del abdomen. Las menstruaciones dolorosas afectan a muchas mujeres y puede causar dificultades las rutinas diarias en el hogar, trabajo u otras actividades escolares durante el ciclo menstrual.

Aunque cierta incomodidad es normal durante la menstruación, el dolor excesivo no lo es. La dismenorrea se refiere al dolor menstrual lo suficientemente severo como para limitar cualquier actividad normal y requerir algún tipo de medicamento. El dolor menstrual puede ser acompañado por nauseas, vómito, estreñimiento o diarrea.

Como ministrar: (Todas las órdenes serán dadas en el nombre de Jesús)

1. Diríjalos en oración de arrepentimiento por las maldiciones generacionales.
2. Ordene que la pelvis vuelva a su alineamiento.
3. Ordene que las hormonas funcionen balanceadamente.
4. Ordene que todo dolor se vaya.

MENOPAUSIA

La menopausia es un período de transición en la vida de la mujer cuando sus ovarios dejan de producir óvulos, su cuerpo produce menos estrógeno y progesterona y la menstruación viene menos frecuentemente y eventualmente cesa. Un evento natural que normalmente ocurre entre la edad de 45 y 55 años, una vez que la menopausia sea completa (conocida como pos-menopausia), la mujer ya no puede quedar embarazada.

Los síntomas de la menopausia son causados por los cambios en los niveles de estrógeno y progesterona. Cuando el estrógeno baja repentinamente (como cuando los ovarios son removidos quirúrgicamente), los síntomas pueden volverse más severos. Descargas calientes y frías, sensibilidad al calor o al frío, y cambios emocionales y de conducta son solamente unos cuantos de los síntomas desagradables por los que las mujeres pasan cuando están en la menopausia.

Como ministrar: (Todas las órdenes serán dadas en el nombre de Jesús)

1. Ordene que todos los síntomas (descargas calientes o frías, sudores, etc., se vayan.
2. Ordene que las hormonas funcionen balanceadamente.
3. Ordene que las frecuencias eléctricas y magnéticas funcionen en armonía y balance.
4. Diríjalos en oración de arrepentimiento por las maldiciones generacionales.
5. Ordene que la pelvis vuelva a su alineamiento.

PROLAPSO UTERINO

El desprendimiento del útero de su posición normal de la parte inferior del abdomen al canal vaginal es llamado prolapso uterino. La debilidad de los músculos y ligamentos abdominales asociada con el envejecimiento normal y una reducción de estrógeno, la hormona femenina, permiten que el útero descienda al canal vaginal. La obesidad, el excesivo toser debido a problemas pulmonares o respiratorios y el estreñimiento crónico también pueden causar la debilidad de estos músculos.

Como ministrar: (Todas las órdenes serán dadas en el nombre de Jesús)

1. Ordene que los músculos y ligamentos alrededor del útero se fortalezcan y funcionen normalmente.
2. Ordene que la pelvis vuelva a su alineamiento.
3. Ordene que las hormonas funcionen balanceadamente
4. Diríjalos en oración de arrepentimiento, si fuere necesario.

SÍNDROME PREMENSTRUAL (SPM)

El síndrome premenstrual (SPM) envuelve en síntomas que ocurren en relación con los ciclos menstruales y que pueden interferir con la vida cotidiana de la mujer. Los síntomas pueden empezar durante la ovulación y menguar cuando empieza la menstruación. El SPM afecta a todas las mujeres en edad para criar hijos. Se cree que el cambio en los niveles hormonales es la causa de los síntomas, los cuales pueden incluir cambio en el temperamento, cambio en la conducta, incomodidad física como hinchazón, estreñimiento, diarrea, dolores de cabeza, migrañas y dolores de espalda.

Como ministrar: (Todas las órdenes serán dadas en el nombre de Jesús)

1. Diríjalos en oración de arrepentimiento por las maldiciones generacionales.
2. Ordene que las hormonas funcionen balanceadamente.
3. Ordene que las frecuencias eléctricas y magnéticas funcionen en armonía y balance.
4. Ordene que el espíritu del SPM se vaya.
5. Ordene que los ligamentos se alarguen y que la pelvis se abra para aliviar la presión.

TUMORES FIBROSOS

Los tumores fibrosos son tumores benignos (no cancerosos) del útero. Impredecibles en tamaño y actitud, los tumores fibrosos pueden ser tan pequeños como la punta de un lápiz o tan grandes como una toronja, crecen lenta o rápidamente, acompañados o solos. A medida que los tumores crecen, las mujeres experimentan síntomas tales como fuerte períodos de menstruación, sangrado entre períodos, dolor o presión en el abdomen o pelvis, dolor de espalda, estreñimiento, presión en la vejiga, al igual que incontinencia, frecuencia y retención urinaria.

Como ministrar: (Todas las órdenes serán dadas en el nombre de Jesús)
1. Ordene que el dolor y los cólicos disminuyan.
2. Ordene que el espíritu que causa ese (esos) tumor(es) se vaya(n).
3. Ordene que las células del tumor mueran y se disolvieran.
4. Ordene que la pelvis vuelva a su alineamiento adecuado.
5. Ordene que los tejidos de los órganos reproductivos sean restaurados a su función normal y que sean totalmente sanados.

PROBLEMAS DE LA NARIZ (VÉASE TAMBIÉN RESFRIADOS, ALERGIAS, GRIPE Y PROBLEMAS DE SINUSITIS)

Estos problemas incluyen congestiones nasales, moquillo suelto, o congestiones de sinusitis. Muchas personas piensan que la nariz se congestiona por tener mucha mucosidad. En realidad, una congestión nasal se desarrolla cuando las membranas nasales se vuelven hinchadas e inflaman los vasos sanguíneos. La congestión es un síntoma de enfriamiento, alergias, infección nasal o la gripe. El uso excesivo de aerosoles también puede llegar a una congestión nasal.

Como ministrar: (Todas las órdenes serán dadas en el nombre de Jesús)
1. Diríjalos en oración de arrepentimiento por las maldiciones generacionales.
2. Maldiga la raíz de la causa como las alergias, infecciones crónicas, etc., y ordene sanidad total para las áreas afectadas.
3. Ordene los conductos nasales que abran normalmente.
4. Ordene que el sistema inmunológico trabaje apropiadamente.

PROBLEMAS DE LA PRÓSTATA

La glándula de la próstata produce el líquido que transporta los espermatozoides durante la eyaculación. El agrandamiento de la próstata es también llamado hipertrofia benigna de la próstata o hiperplasia (HPB). No es cancerosa y no aumenta los riegos de contraer cáncer de la próstata. La HPB inhibe la función normal de los testículos, los cuales producen testosterona, la hormona masculina. A medida que el hombre envejece, el agrandamiento de la próstata muy frecuentemente causa problemas con el paso normal de la orina. La causa exacta del agrandamiento de la próstata es desconocida.

Como ministrar: (Todas las órdenes serán dadas en el nombre de Jesús)

1. Ordene el alineamiento de las piernas.
2. Maldiga la causa del agrandamiento.
3. Ordene que la glándula de la próstata vuelva a su tamaño correcto y funcione normalmente.
4. Ordene una nueva próstata, cuando se necesario.
5. Ordene que las hormonas funcionen balanceadamente.
6. Ordene que los nervios y el flujo de la sangre funcionen normalmente.

PROBLEMAS DE LA RÓTULA

Estos problemas pueden ser causados por una enfermedad, lesión traumática o anormalidad en el desarrollo. Una dislocación de la rótula significa que el hueso triangular que cubre la rodilla se mueve o se desplaza de su lugar hacia afuera de la pierna normalmente. Es usualmente el resultado de un cambió de dirección repentino mientras se corre, colocan gran presión en la rodilla. La dislocación puede ocurrir como resultado directo de una lesión, como de una caída.

Como ministrar: (Todas las órdenes serán dadas en el nombre de Jesús)

1. Cuando esto tenga que ver con la artritis, eche fuera el espíritu de artritis.
2. Imponga manos en el área afectada, ordene que todos los tendones, ligamentos, músculos, cartílagos y tejidos sean sanados; que la sangre y los líquidos que lubrican esa área sean restaurados.
3. Ordene una nueva rodilla, si fuere necesario.

4. Diríjalos en oración de arrepentimiento por las maldiciones generacionales.

PROBLEMAS DE PRESIÓN SANGUÍNEA

La presión sanguínea es una medida de la fuerza aplicada a las paredes de las arterias mientras el corazón bombea la sangre en todo el cuerpo. La presión sanguínea es determinada por la fuerza y cantidad de sangre bombeada por el corazón, como también por la condición de las arterias (venas que llevan la sangre al cuerpo). La presión es afectada tanto por la fuerza y cantidad de sangre bombeada por el corazón como por el tamaño y flexibilidad de las arterias.

La presión de la sangre cambia continuamente dependiendo del ambiente, actividad, postura, alimentos, temperatura, emociones, salud física, y uso de medicamento. Muchos factores pueden afectar la presión sanguínea, incluyendo el volumen de líquido en el cuerpo, la cantidad de sodio o sal en el cuerpo, el funcionamiento de los riñones, condición del sistema nervioso y vasos sanguíneos, la arteriosclerosis y varias hormonas en el cuerpo.

Los problemas pueden desarrollarse causando malfuncionamiento de otros órganos del cuerpo cuando los niveles de presión sanguínea no pueden regresan o mantener sus grados normales. Pregúntele a su doctor si ha diagnosticado alguna causa subyacente posible (como diabetes, enfermedad del corazón, arteriosclerosis, problemas de los riñones, etc.).

Hipertensión generalmente significa que la presión sistólica (número superior) se mantiene consistentemente sobre los 140, y, la presión diastólica (número inferior) se mantiene consistentemente sobre los 90. La hipertensión puede llevar a un derrame cerebral, ataque al corazón, daño a los riñones, falla congestiva del corazón, impedimento visual, fuertes dolores de cabeza y dolor en el pecho (angina).

Hipotensión significa que la presión sanguínea es más baja de lo normal. Esto puede llevar a debilidad extrema, daño o aniquilación de algún órgano, lipotimia y muerte. La presión sanguínea anormalmente baja puede ser causada por deshidratación, anemia, hemorragia o efectos secundarios de medicamentos.

La hipotensión ortoestática o postura hipotensa causa mareos fuertes o ligeros mareos, síntomas de desmayo y debilitación extrema cuando una persona cambia de posición (cambia de posición al levantarse muy rápido de donde están recostados o sentados). El resultado de esto puede ser una caída con heridas graves. A menudo este tipo de hipotensión es un efecto secundario del medicamento. El cambiar de posición lentamente puede minimizar los efectos de postura hipotensa.

Como ministrar: (Todas las órdenes serán dadas en el nombre de Jesús)

1. Diríjalos en oración de arrepentimiento por las maldiciones generacionales.
2. Ordene el alineamiento de los brazos.
3. Ordene que todo el sistema cardiovascular sea sanado, que vasos sanguíneos sean abiertos y que funcionen normalmente con elasticidad apropiada y fluir de sangre adecuado.
4. Ordene que la presión sanguínea vuelva a la normalidad y se mantenga así.
5. Ordene que todos los órganos y tejidos dañados por la presión sanguínea anómala sean sanados y que funcionen normalmente.
6. Diríjalos en oración para colocar todo estrés, ansiedad y preocupación en el altar de Dios.

PROBLEMAS DE SINUSITIS

La sinusitis se refiere a la inflamación de las cavidades del seno [nasal o frontal]. Las reacciones alérgicas a los contaminantes del ambiente como fumar, humo o polen pueden contribuir a la irritación e inflamación. Las cavidades del seno, ubicadas alrededor de la frente, las mejillas y los ojos, son forradas con membranas mucosas. Cuando las membranas se inflaman, el seno puede bloquearse con mucosidad y fácilmente infectarse. Generalmente causado por una infección viral, bacterial, o por algún hongo, la con frecuencia puede ocurrir en conjunto con infecciones respiratorias tales como los resfriados o rinitis.

Como ministrar: (Todas las órdenes serán dadas en el nombre de Jesús)

1. Reprenda la infección y maldiga las alergias.

2. Imponga manos en la cara y ordene que el seno se desagüe, abra y sea sanado.
3. Ordene el alineamiento de los brazos.
4. Ordene que los vasos sanguíneos se abran y que se reduzca la inflamación de esas áreas.
5. Diríjalos en oración de arrepentimiento, si fuere necesario.

PROBLEMAS DE LA VEJIGA (Véase Incontinencia).

PROBLEMAS NASALES

Esto incluye todos los problemas que envuelven la nariz, incluyendo congestión nasal, sinusitis y secreción nasal. La congestión se desarrolla cuando las membranas que revisten la nariz se inflaman, debido a que los vasos sanguíneos también se inflaman. Con frecuencia, la congestión es un síntoma de resfriados, alergias, sinusitis o gripe. El uso excesivo de líquidos o gotas nasales puede también causar congestión.

Como ministrar: (Todas las órdenes serán dadas en el nombre de Jesús)
1. Diríjalos en oración de arrepentimiento por las maldiciones generacionales.
2. Maldiga la raíz (alergias, infecciones crónicas, etc.) y ordene sanidad a todas las áreas afectadas.
3. Ordene que los conductos nasales se mantengan abiertos y se desagüen apropiadamente.
4. Ordene que el sistema inmunológico funcione apropiadamente.

Fractura Nasal

La fractura facial más común es usualmente la fractura en el hueso de la nariz. Normalmente ocurre como resultado de un golpe fuerte y está asociada a otras fracturas faciales. El característico moretón alrededor de los ojos y nariz desaparece usualmente después de dos semanas.

Algunas veces, como resultado de una lesión, la pared que divide las ventanas de la nariz se separa causando los mismos síntomas de una nariz fracturada. La dislocación del septo hace que un conducto de aire se vuelva más grande que el otro y esto puede causar problemas en la respiración normal por la nariz. Los problemas de nariz y cuello son normalmente observados juntos después de una lesión traumática.

Como ministrar: (Todas las órdenes serán dadas en el nombre de Jesús)
1. Ponga sus dedos en la nariz y delicadamente baje los dedos hasta el final de la nariz, ordenando que ésta se enderece, que las estructuras sean regeneradas y que la nariz funcione normalmente.
2. Ordene la alineación del cuello.
3. Eche fuera el espíritu de trauma, si fuere necesario.

Rinitis (Véase también Alergias e Influenza)
El término rinitis cubre infecciones, alergias y otros desórdenes de la nariz. La rinitis ocurre cuando las membranas mucosas de la nariz se infectan, inflaman o irritan y producen una secreción, congestión e inflamación de los tejidos nasales. Los síntomas pueden incluir ojos rojos y comezón, dificultad para respirar y dormir, comezón en la garganta, tos, secreción nasal, dolores de cabeza o filtración postnasal (exceso de líquido o mucosidad que se drena en la garganta).

La forma más propagada de rinitis es el resfriado común. Otra causa común incluye las alergias por el medio ambiente, tal como la fiebre de heno.

Como ministrar: (Todas las órdenes serán dadas en el nombre de Jesús)
1. Maldiga la raíz de la infección o inflamación y ordene que se vaya.
2. Ordene la sanidad del revestimiento de la nariz y de la sinusitis, y, que la secreción se desagüen normalmente.
3. Diríjalos en oración de arrepentimiento, si fuere necesario.

PROLAPSO RECTAL
El prolapso rectal es una protuberancia anormal desde el tejido del colon hasta el ano. Puede aparecer como una masa rojiza con varias pulgadas de largo y puede también sangrar levemente. El prolapso rectal puede ocurrir en los niños menores de seis años y en los ancianos. Los factores de riesgos en los niños incluyen problemas de

salud como fibrosis cística, malnutrición, deformidades o problemas en el desarrollo físico, hacer mucha fuerza al usar el baño e infecciones. Los factores de riesgos en los adultos incluyen un estreñimiento crónico, efectos de cirugía o dar a luz, y, debilidad en los músculos abdominales inferiores.

Como ministrar: (Todas las órdenes serán dadas en el nombre de Jesús)
1. Ordene que todos los músculos y tendones de la pelvis y las estructuras alrededor se fortalezcan y que el colon regrese a su estado normal.
2. Diríjalos en oración de arrepentimiento, si fuere necesario.

PRÓSTATA AGRANDADA (Véase también Problemas de la Próstata).

PSICOSIS

La psicosis es una seria condición mental. Los síntomas incluyen una pérdida del contacto con la realidad, desilusiones (ideas falsas acerca de eventos o de quiénes son las personas), y, alucinaciones (ver u oír cosas que no están presentes). Esta condición puede ser precipitada o influenciada por el uso del alcohol, ciertas drogas, desórdenes bipolares, tumores en el cerebro, epilepsia, depresión sicótica, esquizofrenia, demencia (Alzheimer y otros desórdenes degeneradotes del cerebro), embolia, ATI y ACV.

Como ministrar: (Todas las órdenes serán dadas en el nombre de Jesús)
1. Eche fuera el espíritu de psicosis.
2. Diríjalos en oración de arrepentimiento por idolatría.
3. Ordene que los químicos y hormonas regresen a su balance.

PÚSTULAS (Véase Herpes).

QUELOIDES (Véase Cicatrices y Adhesiones).

QUIJADA (Dislocación o Fractura en la Mandíbula)

Ruptura o dislocación de quijada es una lesión facial que resulta en la dislocación o fractura en el hueso de la mandíbula. El hueso de la mandíbula es el hueso movible en la parte inferior de la cara.

Como ministrar: (Todas las órdenes serán dadas en el nombre de Jesús)

1. Ordene que las coyunturas junto con sus cartílagos, ligamentos, tendones y tejidos sean sanados y funcionen normalmente.
2. Si el hueso esta afuera de su posición, ordene que regrese a su sitio y se quede en su lugar.
3. Diríjalos en oración de arrepentimiento para romper palabras de maldición enunciadas.
4. Ordene que el cuello vuelva a su alineamiento.

QUISTE EN LOS GANGLIOS

Esta es una inflamación dura en forma de tumor, llena de líquidos y normalmente hallada en la muñeca alrededor de los tendones o coyunturas.

Como ministrar: (Todas las órdenes serán dadas en el nombre de Jesús)

1. Imponga manos en el área afectada, ordenando que los tumores se devuelvan y que el líquido sea reabsorbido por el cuerpo.
2. Ordene que las estructuras, huesos, músculos y tendones de las muñecas vuelvan a su posición normal.
3. Ordene a las coyunturas que produzcan el líquido adecuado y que el suministro de sangre sea normal.
4. Ordene que toda presión en los nervios regrese a su estado normal.

QUISTES (Véase también Tumores)

Crecimiento anómalo encontrado adentro o afuera del cuerpo.

Como ministrar: (Todas las órdenes serán dadas en el nombre de Jesús)

1. Maldiga la raíz y la causa del quiste.
2. Imponga manos en el área afectada, ordenando que el quiste se disuelva y desaparezca.
3. Ordene que todos los tejidos sean sanados y vuelvan a su funcionamiento normal.
4. Diríjalos en oración de arrepentimiento, si fuere necesario.

RESFRIADO (Véase también Dolor de Garganta, Influenza, Tos Ferina y Laringitis)

El resfriado es una infección común en la parte superior de la vía respiratoria. Esta incluye síntomas como secreción nasal, dolor de garganta, tos, ojos llorosos, estornudo, congestión y fiebre de menos de 102 grados F. Cualquiera de los más de 200 virus puede causar el resfriado común, los adultos pueden tener más posibilidades de contraer esta infección de dos a cuatro veces por año, mientras que los niños de ocho a diez veces por año.

En adultos o niños, un resfriado común que no se trata inmediatamente puede convertirse en sinusitis, tos ferina, otitis media (infección en el oído) o laringitis. Otras infecciones secundarias que se pueden desarrollar del resfriado común incluyen la infección en la garganta por estreptococos, bronquitis crónica y neumonía. Un resfriado puede también referirse como a una infección respiratoria superior.

Los adultos pueden simplemente tener un resfriado combinado con laringitis, mas los niños podrían desarrollar tos ferina.

La tos ferina es una inflamación de la caja de la voz (laringe) y los canales respiratorios. Un niño puede tener un resfriado común por varios días y de repente desarrollar una tos fuerte y ruidosa. La inflamación o la contracción de los conductos de aire hacen que la respiración se dificulte. La tos ferina afecta principalmente a los niños más pequeños y de menor edad, ya que sus canales de aire son más susceptibles a reducirse cuando están hinchados.

Como ministrar: (Todas las órdenes serán dadas en el nombre de Jesús)
1. Reprenda la infección y maldiga la raíz
2. Ordene que el sistema inmunológico se fortalezca y funcione normalmente.
3. Ordene que las frecuencias eléctricas y magnéticas funcionen en armonía y balance.
4. Ordene que el dolor y la incomodidad se vayan.
5. Ordene que todos los tejidos afectados sean sanados y funcione normalmente.

RETARDACIÓN

Generalmente esta condición está significativamente relacionada al daño o anormalidad cerebral. La retardación se describe como una dilación o disminución del desarrollo mental o habilidades mecánicas y mentales. Esto se refiere al tardío desarrollo de habilidades cognitivas (como el habla) y al tardío desarrollo de las habilidades motoras (como el caminar). La retardación motoramental puede desarrollarse durante el nacimiento; sin embargo, también puede ser causada por una enfermedad o una lesión.

Como ministrar: (Todas las órdenes serán dadas en el nombre de Jesús)
1. Diríjalos en oración de arrepentimiento para las maldiciones generacionales.
2. Imponga manos en la cabeza, ordenando un nuevo cerebro con inteligencia normal.
3. Ordene que el espíritu de retardación se vaya.

RETINITIS PIGMENTARIA

La retinitis pigmentaria es una condición del ojo heredada genéticamente. La degeneración progresiva de la retina limita la visión nocturna y periférica. A medida que la enfermedad progresa, esta puede resultar en ceguera.

Como ministrar: (Todas las órdenes serán dadas en el nombre de Jesús)
1. Diríjalos en oración de arrepentimiento por las maldiciones generacionales.
2. Imponga manos en los ojos, ordenando un milagro creativo para los ojos, una nueva retina y perfecta visión.
3. Diríjalos en oración de arrepentimiento, si fuere necesario.

RODILLAS CONTRECHAS

Cuando una persona padece de rodillas contrechas, la parte inferior de la piernas están en ángulo hacia afuera, las rodillas están rozándose y los tobillos están separados.

Muchos niños desarrollan un pequeño episodio de rodillas contrechas como parte de su desarrollo normal. Para cuando llegan a la pubertad, la mayoría de los niños pueden ponerse en pie con sus rodillas y tobillos en la posición correcta.

Como ministrar: (Todas las órdenes serán dadas en el nombre de Jesús)
1. Ordene que el hueso de la pelvis rote, haga el alineamiento de la pelvis.
2. Ordene el alineamiento de las piernas.

3. Ordene que las piernas y rodillas se enderecen.
4. Diríjalos en oración de arrepentimiento por las maldiciones generacionales.

ROEDURA DE UÑAS

Onicofagia es un término clínico usado para describir el mal hábito de comerse las uñas. Esta conducta (hábito) a menudo empieza desde la niñez y puede empeorar debido al estrés.

Como ministrar: (Todas las órdenes serán dadas en el nombre de Jesús)
1. Diríjalos en oración de arrepentimiento por las maldiciones generacionales.
2. Diríjalos en oración para colocar toda ansiedad, estrés y preocupación en el altar de Dios.
3. Instrúyalos a romper ese hábito y a repetir (cada vez que quiera morderse las uñas) "Yo no participaré en la onicofagia".

SIDA

El VIH (virus de inmunodeficiencia humana) es el virus que causa el SIDA (síndrome de inmunodeficiencia adquirida). Este virus puede ser pasado de una persona a otra por medio de sangre, semen, o secreciones vaginales infectadas que entran en contacto con las membranas mucosas o la piel con cortaduras (boca, ojos, nariz, recto, vagina, la abertura del pene) de una persona infectada. Además, las mujeres embarazadas infectadas pueden pasar el VIH a su bebé durante el embarazo, al dar a luz, como también el amamantar. Este virus también puede ser transmitido al compartir agujas infectadas o por medio de transfusiones de sangre.

Las personas con VIH tienen la infección del VIH. Algunas de estas personas desarrollarán SIDA mientras que otras no. SIDA es un acróstico de Síndrome de Inmunodeficiencia Adquirida. El término adquirida significa que no la enfermedad se desarrolló después del nacimiento al entrar en contacto con alguna enfermedad (en este caso el VIH). El término inmunodeficiencia significa que la enfermedad es caracterizada por la debilitación del sistema inmunológico. El término síndrome se refiere a una cantidad de síntomas que indican o caracterizan a una enfermedad cuando éstos ocurren simultáneamente. En el caso del SIDA, el síndrome incluye el desarrollo de ciertas infecciones y/o cánceres, como también una anormalidad en la cantidad de células en el sistema inmunológico de la persona infectada.

Como ministrar: (Todas las órdenes serán dadas en el nombre de Jesús)

1. Dirígelos en oración de arrepentimiento, si fuere necesario.
2. Reprenda el espíritu del VIH.
3. Ore pidiendo un nuevo sistema inmunológico y sanguíneo.
4. Ordene que las frecuencias eléctricas y químicas se regulen y vuelvan a su balance normal.
5. Ordene que todos los priones se disuelvan y salgan del cuerpo.
6. Ordene que la sangre regrese al balance apropiado de pH.
6. Ordene que todos los órganos y tejidos dañados vuelvan a su función y apariencia normal.

SÍNDROME DE CUSHING

El síndrome de Cushing [también conocido como hipercortisolismo] es un desorden metabólico causado durante un período de tiempo extendido y provocado por altos niveles de una hormona importante [cortisol]. Los tumores adrenales, que pueden ser benignos o malignos, pueden causar el elevado nivel de esta hormona

Otras causas del síndrome de Cushing pueden incluir un tumor pituitario, malfuncionamiento de algún órgano del cuerpo o el uso regular de esteroides como la prednisona, la cual es comúnmente usada para tratar condiciones crónicas tales como la artritis reumática y la EOCP.

Como ministrar: (Todas las órdenes serán dadas en el nombre de Jesús)

1. Eche fuera el espíritu de síndrome de Cushing.
2. Imponga manos en el área del riñón (cerca del nivel de la cintura), ordenando que las glándulas regresen a su función normal.
3. Diríjalos en oración de arrepentimiento, si fuere necesario.

SÍNDROME DE DOWN

El síndrome de Down es una anormalidad cromosómica, normalmente se debe a una copia adicional del cromosoma 21. Este síndrome pude resultar en un desarrollo anómalo del funcionamiento del cuerpo.

Los niños con síndrome de Down tienen una apariencia reconocida y característica. La cabeza puede ser más pequeña de lo normal, con rasgos faciales anormalmente formados, incluyendo una nariz chata, una lengua protuberante y ojos rasgados hacia arriba. Las manos son más cortas y anchas, con dedos cortos y con un solo pliegue en la palma. La retardación de; crecimiento y desarrollo normales es típica y los niños más afectados no llegan a la altura promedio de los adultos.

Como ministrar: (Todas las órdenes serán dadas en el nombre de Jesús)
1. Eche fuera el espíritu de síndrome de Down.
2. Imponga manos en la cabeza de la persona y ordene un nuevo cerebro.
3. Ordene que las células se reviertan al número correcto de cromosomas y que el cromosoma extra se vaya.
4. Ordene que el cuerpo sea sanado y funcione normalmente.
5. Ordene que los rasgos faciales sean normales.

SÍNDROME DE GUILLAIN-BARRÉ (TAMBIÉN CONOCIDO COMO SGB)

El síndrome de Guillain-Barré es un desorden rápidamente desactivador causado por la inflamación de los nervios, lo cual causa una progresiva debilidad del músculo o parálisis. A medida que la inflamación daña partes del nervio, el músculo afectado se debilita, la parálisis y la pérdida sensorial pueden pasar de los dedos de las manos y los pies hacia el torso y luego al cuello hasta que la parálisis total se hace presente. Aunque el daño puede afectar la función del nervio permanentemente, la condición también puede resolverse espontáneamente de la misma manera que apareció. En casos severos, la persona "encerrada" dentro de un cuerpo que no responde está consciente pero no puede comunicarse. Se cree que este síndrome es activado por respuestas autoinmunes del cuerpo a una infección viral o bacteriana.

Como ministrar: (Todas las órdenes serán dadas en el nombre de Jesús)
1. Reprenda la infección y ordene que ese espíritu se vaya.

2. Imponga manos en la persona y ordene que el sistema nervioso sea restaurado y funcione perfectamente.
3. Ordene que cualquier otra estructura que haya sido dañada por la parálisis sea sanada.
4. Diríjalos en oración de arrepentimiento, si fuere necesario.

SÍNDROME DE IRRITACIÓN INTESTINAL (SII)

El síndrome de irritación intestinal es un desorden del tracto intestinal inferior. Agravado por el estrés emocional, esta condición incluye la hipersensibilidad al dolor en el abdomen, combinado con excesivos gases, inflamación y alternación de diarrea o estreñimiento.

Como ministrar: (Todas las órdenes serán dadas en el nombre de Jesús)
1. Ordene que los intestinos funcionen plácidamente y la irritación se vaya.
2. Ordene que los intestinos funcione normalmente.
3. Diríjalos en oración de arrepentimiento, si fuere necesario.
4. Diríjalos en oración para colocar todo estrés, ansiedad y preocupación en el altar de Dios.

SÍNDROME DEL TÚNEL CARPIANO

El síndrome del túnel carpiano es una compresión de un nervio de la muñeca, el cual puede resultar en entumecimiento, hormigueo, debilidad o músculos atrofiados (encogidos) en la mano y dedos. Cuando la muñeca es colocada en mala posición, el nervio que pasa por el conducto del "túnel carpiano" del brazo a la mano es presionado. Cualquier inflamación o irritación en esta área puede causar compresión del nervio. Esta interrupción de la función del nervio entorpece la sensación y el movimiento de la mano.

Esta condición ocurre más en las personas mayores de treinta años y es más común en las mujeres que en los hombres. Este síndrome es común en personas que desarrollan movimientos repetitivos de la muñeca y mano, como el teclear. Algunas de las condiciones asociadas con el síndrome del túnel carpiano incluyen el embarazo, el síndrome premenstrual (SPM) y la menopausia probablemente debido a que los cambios hormonales causan retención de líquidos e inflamación de los tejidos.

Como ministrar: (Todas las órdenes serán dadas en el nombre de Jesús)

1. Imponga manos en la muñeca y ordene a los tejidos, tendones y ligamentos de la muñeca que sean sanados y se relajen.
2. Ordene al "túnel" que se abra y que la presión en los nervios desaparezca.
3. Ordene que la circulación y fuerza sean restauradas.
4. Ordene a cualquier adormecimiento y hormigueo que desaparezca y a la muñeca que sane y vuelva a su función normal.

SÍNDROME DE PIERNA INQUIETA

El síndrome de pierna inquieta es caracterizado por sensaciones muy incómodas en las piernas, lo cual ocurre cuando la persona está relajada, al recostarse o al sentarse por un largo período de tiempo, como sucede al viajar en auto, avión o en los cines. La sensación incomoda cesa cuando las piernas se estiran, se mueven o ejercitan al caminar. Los síntomas son más notables durante la noche porque normalmente causan insomnio, lo cual a su vez puede contribuir el estar soñoliento durante el día.

El síndrome de pierna inquieta es asociado con el desorden periódico del movimiento de las extremidades. Los movimientos de contorsión o puntapiés con DPME al dormir resultan a menudo, en una pésima noche tanto para la persona que lo sufre como para su cónyuge. El estrés generalmente empeora el síndrome.

Como ministrar: (Todas las órdenes serán dadas en el nombre de Jesús)

1. Diríjalos en oración de arrepentimiento por las maldiciones generacionales.
2. Maldiga el espíritu y ordene que se vaya.
3. Ordene que las frecuencias eléctricas y magnéticas funcionen en armonía y balance.
4. Ordene que los nervios y la circulación de la sangre regresen a su estado normal.
5. Diríjalos en oración para colocar toda preocupación, ansiedad y estrés en el altar de Dios.

La fiebre reumática causa problemas con las coyunturas, piel y cerebro, como también en las válvulas dañadas del corazón lo cual puede llevar a enfermedades cardiacas más serias y/o a cirugía del corazón para reparar el daño.

Como ministrar: (Todas las órdenes serán dadas en el nombre de Jesús)

1. Reprenda el proceso de la infección.
2. Ordene que las coyunturas, corazón y otros tejidos del cuerpo sean sanados y funcionen normalmente.
3. Ordene que cualquier órgano dañado sea sanado y que funcione adecuadamente.
4. Diríjalos en oración de arrepentimiento, si fuere necesario.

SÍNDROME DE SJOGREN

El síndrome Sjogren [pronunciado como "shogren"] es una enfermedad autoinmune frecuentemente definida por dos de los síntomas más comunes, ojos resecos y boca seca. Normalmente es acompañada por otros desórdenes autoinmunes como artritis reumática o lupus.

En el síndrome de Sjogren, las membranas mucosas y las glándulas de los ojos y de la boca funcionan anómalamente, resultando en una disminución de saliva y lágrimas. Esto puede llevar a problemas como ingerir, cavidades dentales, ojos sensibles a la luz, úlceras en la córnea y daño en los tejidos pulmonares, riñones e hígado.

Como ministrar: (Todas las órdenes serán dadas en el nombre de Jesús)

1. Reprenda el anómalo proceso de la enfermedad.
2. Ordene que los tejidos dañados del cuerpo sean sanados y que funcionen normalmente.
3. Ordene que el sistema inmunológico y los órganos dañados sean sanados y funcionen adecuadamente.
4. Diríjalos en oración de arrepentimiento, si fuere necesario.

SÍNDROME DE TOURETTE

Este síndrome es un desorden caracterizado por múltiples espasmos [tics] nerviosos, movimientos rápidos e involuntarios. Estos tics pueden incluir el abrir y cerrar de ojos, repentinas aclaraciones de garganta, olfateo, empuje con los brazos, puntapiés, encogimiento de hombros y saltos inesperados.

Puede ser un desorden hereditario transmitido por uno o más genes. El síntoma inicial más común es un tic facial seguido de otros más. Contrario al pensamiento popular, el uso de palabras inapropiadas raramente ocurre.

Como ministrar: (Todas las órdenes serán dadas en el nombre de Jesús)
1. Diríjalos en oración de arrepentimiento por las maldiciones generacionales.
2. Ordene que el espíritu del síndrome de Tourette se vaya.
3. Ordene que las frecuencias eléctricas y magnéticas funcionen en armonía y balance.
4. Diríjalos en oración de arrepentimiento, si fuere necesario.

SÍNDROME PREMENSTRUAL (Véase Problemas Femeninos).

SISTEMA ERITEMATOSUS LUPUS (SEL)

El sistema de eritematosus lupus (SEL) es un desorden crónico, inflamatorio y autoinmune. Puede afectar muchos sistemas de órganos incluyendo la piel, las coyunturas y los órganos internos.

Normalmente, el sistema inmunológico funciona como defensa del cuerpo en contra de cualquier infección o bacteria. En el caso de SEL y otras enfermedades autoinmunes, el sistema inmunológico ataca los tejidos normales del cuerpo, causando malfuncionamientos y síntomas en muchas otras partes del cuerpo.

Como ministrar: (Todas las órdenes serán dadas en el nombre de Jesús)
1. Maldiga el espíritu de lupus.
2. Ordene que el sistema inmunológico y todos los órganos afectados sean sanados y funcionen normalmente.
3. Diríjalos en oración de arrepentimiento por las maldiciones generacionales.
4. Ordene que las frecuencias eléctricas y magnéticas funcionen en armonía y balance.

SISTEMA INMUNOLÓGICO (Véase el Capítulo 12 para detalles sobre el Sistema Inmunológico y sus problemas)

Como ministrar: (Todas las órdenes serán dadas en el nombre de Jesús)

1. Ordene que el sistema inmunológico sea restaurado completamente.
2. Ordénele que detenga toda enfermedad y virus de infectar al cuerpo.
3. Ordene que las frecuencias magnéticas y eléctricas funcionen en armonía y balance.
4. Diríjalos en oración de arrepentimiento, si fuere necesario.

SORDERA (O PÉRDIDA DE AUDICIÓN)

La sordera (pérdida de audición) es la inhabilidad de escuchar los sonidos adecuadamente, ya sea en uno o ambos oídos. Una pequeña disminución del oír es normal después de los veinte años de edad. Muchas son las causas de sordera. La pérdida conductiva ocurre debido a un problema mecánico, tal como líquido en el oído o la ruptura del tímpano. La pérdida neurosensorial ocurre cuando el nervio del oído al cerebro es dañado y no puede comunicar los impulsos o sonidos. Con frecuencia, la pérdida conductiva es médicamente reversible, la neurosensorial no lo es.

En los niños, las infecciones del oído son la causa más común de la pérdida de audición temporal. Aunque este líquido puede pasar desapercibido, podría causar problemas auditivos significativos en los niños. El exceso de cerumen en el canal auditivo puede bloquear el sonido y estimular la pérdida de audición. Asimismo, el escuchar música con volumen alto por largos períodos de tiempo puede dañar estas estructuras y nervios.

Como ministrar: (Todas las órdenes serán dadas en el nombre de Jesús)

1. Eche fuera el espíritu de sordera.
2. Gentilmente, coloque sus dedos en los oídos de la persona y ordene que la sordera se vaya y que la audición sea restaurada.
3. Ordene el alineamiento de los brazos.

4. Ordene por un nuevo tímpano y estructuras de estos huesos, si fuere necesario.

5. Ordene que los músculos se relajen, liberen los nervios del oído y permitan que la sangre fluya a esa área. Ordene que los diminutos nervios funcionen normalmente.

6. Imponga manos en ambas partes de la cabeza y ordene que los huesos laterales regresen a su posición.

7. Pruebe la audición de la persona y repita los pasos anteriores, si fuere necesario.

SORDOMUDO

Una persona que no puede ni hablar ni oír es llamada sordomuda. Puesto que estas condiciones limitan la capacidad de aprendizaje, estas personas también pueden parecer impedidas mentalmente. Helen Keller era sorda y muda, pero es reconocida por sus extraordinarios logros en la educación especializada.

Como ministrar: (Todas las órdenes serán dadas en el nombre de Jesús)
1. Eche fuera los espíritus de sordera y mudez.
2. Continué con las instrucciones para la sordera.
3. Diríjalos en oración de arrepentimiento por las maldiciones generacionales.

SORIASIS

La soriasis es una común irritación e inflamación de la piel caracterizada por frecuentes episodios de rojez, comezón y escamas plateadas en la piel. Se cree que la soriasis es un desorden hereditario, relacionado con una respuesta autoinmune inflamatoria.

Aunque no es contagiosa, la soriasis puede ser agravada por una lesión o irritación en la piel. Podría ser más severa en las personas a las que químicamente se les suprime la inmunización o en aquellos con desórdenes autoinmunes (tales como la artritis reumática).

Como ministrar: (Todas las órdenes serán dadas en el nombre de Jesús)
1. Diríjalos en oración de arrepentimiento por las maldiciones generacionales.
2. Eche fuera el espíritu de soriasis.

3. Reprenda la inflamación, la picazón y las escamas.
4. Imponga manos en las áreas afectadas, ordenando células de la piel nuevas y sanas, y, que los tejidos dañados sean reemplazados.

SPM (Síndrome Premenstrual) (Véase también Problemas Femeninos).

SUICIDIO

El suicido es un acto deliberado de tomar la propia vida. Las conductas suicidas incluyen cualquier acto deliberado peligroso para la vida, tales como sobre dosis de droga o deliberadamente chocar un automóvil. Las conductas suicidas frecuentemente están asociadas con perturbaciones emocionales, tales como depresión, desorden bipolar o esquizofrenia.

Estas conductas suicidas pueden a menudo aparecer en respuesta a una situación sobrecogedora como la muerte de un ser querido, trauma emocional, seria enfermedad física, desempleo, problemas financieros, y, dependencia en el alcohol o las drogas.

Los intentos suicidas deben ser considerados muy seriamente y se debe buscar ayuda profesional inmediatamente. Aquellos con pensamientos o tendencias suicidas con frecuencia creen que les hacen un favor a sus amigos o familiares al removerse ellos mismos de este mundo.

Como ministrar: (Todas las órdenes serán dadas en el nombre de Jesús)
1. Diríjalos en oración de arrepentimiento.
2. Ordene que todos los químicos y hormonas funcionen balanceadamente.
3. Diríjalos en oración de arrepentimiento y perdón para romper las palabras de maldición enunciadas.
4. Eche fuera el espíritu de suicidio.
5. Diríjalos en oración para colocar toda ansiedad, estrés y preocupación en el altar de Dios.
6. Pídales que repitan "¡Yo escojo la vida!" muchas veces.

TARTAMUDEO

El tartamudear significa agitación, repetición o tropiezo al hablar. Los niños pasan por un corto tiempo de tartamudeo, pero normalmente salen de ello a medida que su confianza aumenta. Para algunos el tartamudeo progresa de la repetición de consonantes a la repetición de palabras o frases. El tartamudeo puede tener implicaciones genéticas o puede estar asociado con alguna deficiencia neurológica.

Sorprendentemente, las personas con una significativa dificultad en el habla, a menudo no tartamudean al cantar o cuando se hablan a sí mismos.

Como ministrar: (Todas las órdenes serán dadas en el nombre de Jesús)
1. Diríjalos en oración de arrepentimiento por las maldiciones generacionales.
2. Ordene que el sistema nervioso funcione normalmente.
3. Ordene que el espíritu de trauma se vaya.

TEMBLOR

El temblor esencial es un desorden nervioso que causa un incontrolable temblor en las manos, la cabeza o la voz, especialmente cuando la persona trata de desarrollar una tarea en particular.

La forma más común de temblores anormales ocurre cuando una parte del cerebro no parece estar funcionando normalmente. El estrés, la fatiga, el miedo, el enojo y la cafeína hacen que esta condición empeore.

Como ministrar: (Todas las órdenes serán dadas en el nombre de Jesús)
1. Ordene que el cerebro funcione normalmente.
2. Ordene que las frecuencias eléctricas y magnéticas funcionen en armonía y balance.
3. Ordene que las hormonas funcionen balanceadamente.
4. Diríjalos en oración de arrepentimiento cuando sea necesario.
5. Diríjalos en oración para colocar toda ansiedad, estrés, temor y preocupación en el altar de Dios.

TEMBLOR ESENCIAL (Véase también Temblor).

Algunos de los riesgos son incluyen el permanecer sentado, reposar en cama o estar inmovilizado por mucho tiempo, como sucede en viajes largos en avión o automóvil; cirugía reciente, haber dado a luz en los últimos seis meses y el uso de medicamentos tales como píldoras anticonceptivas.

Como ministrar: (Todas las órdenes serán dadas en el nombre de Jesús)

1. Ordene que el coágulo sanguíneo se disuelva.
2. Ordene que la sangre fluya adecuadamente y que todos los tejidos dañados sean sanados y funcionen normalmente.
3. Diríjalos en oración de arrepentimiento por las maldiciones generacionales.

TENDINITIS

La tendinitis es una inflamación, irritación y dilatación del tendón, la banda fibrosa que une a los músculos con los huesos. La tendinitis puede ocurrir por una lesión, uso excesivo o por la edad, pues el tendón pierde su elasticidad. Puede también aparecer con enfermedades como artritis reumática y diabetes. La tendinitis puede afectar cualquier tendón del cuerpo, pero algunos lugares comunes incluyen los hombros, muñecas, talón (tendinitis de Aquiles) y codo (llamado "codo de tenis").

Causada por el repetitivo movimiento de la muñeca y antebrazo, el codo de tenis es una inflamación, malestar o dolor en la parte exterior del antebrazo, cerca del codo. Esta lesión es con frecuencia asociada a los jugadores de tenis; por ende, la condición ha llegado a conocerse como "codo de tenis", pero cualquier actividad que envuelva el movimiento repetitivo de la muñeca (como el usar un destornillador) puede provocar esta condición.

Como ministrar: (Todas las órdenes serán dadas en el nombre de Jesús)

1. Ordene que toda inflamación, dolor e irritación se vaya.
2. Ordene el alineamiento de brazos y piernas en las áreas afectadas.
3. Ordene que los músculos, tendones, ligamentos y tejidos adyacentes sean sanados, que vuelvan a su tamaño, fortaleza y función normales.
4. Si están desgastados por el uso, ordene nuevos tendones y ligamentos.
5. Diríjalos en oración de arrepentimiento, si fuere necesario.

TENSIÓN MUSCULAR

La rigidez o la tensión muscular está marcada por músculos entumecidos y exagerados reflejos que interfieren con el caminar, movimiento o habla.

La tensión muscular puede observarse en cualquier tipo de daño al cerebro, espina dorsal o nervios, incluyendo esclerosis múltiple o perlesía cerebral. Los síntomas incluyen una tensión exagerada de los reflejos de las rodillas, movimientos repetitivos e incontrolables de las extremidades, mala postura, y llevar los hombros, brazos, muñecas y dedos a un ángulo anormal. La persona severamente espástica puede tener músculos contraídos, causando que las coyunturas se doblen hacia una posición fija.

Como ministrar: (Todas las órdenes serán dadas en el nombre de Jesús)
1. Ordene que el sistema nervioso sea sanado, completamente restaurado y que funcione normalmente.
2. Ore un nuevo cerebro, si fuere necesario.
3. Ordene que las hormonas funcionen balanceadamente.
4. Ordene que las frecuencias eléctricas y magnéticas funcionen en armonía y balance.
5. Eche fuera el espíritu del trauma.
6. Diríjalos en oración de perdón, si fuere necesario.

TIC DOULOUREUX (CONOCIDO TAMBIÉN COMO CONTORSIÓN DOLOROSA)

La neuralgia trigeminal (tic Douloureux) es una desorden muy doloroso del trigémino, nervio ubicado en la cabeza. El nervio controla la sensación de la cara, lágrimas y producción de saliva. El repentino e incontrolable dolor con frecuencia causa que la persona guiñe un ojo o haga contorsiones faciales. Éste puede ser causado por un tumor en el nervio trigémino o cerca del mismo, o por presión a la raíz del nervio por un vaso sanguíneo.

Como ministrar: (Todas las órdenes serán dadas en el nombre de Jesús)
1. Diríjalos en oración de arrepentimiento por las maldiciones generacionales.
2. Ordene que la presión en los nervios sea sanada y que todos los

nervios funcionen normalmente.

3. Maldiga la enfermedad y ordene que ese espíritu se vaya.
4. Diríjalos en oración de arrepentimiento, si fuere necesario.

TINITOS

Tinitos es un término médico para el escuchar ruidos anormales [zumbido] en los oídos sin ninguna fuente obvia para dichos sonidos. Los sonidos pueden ser suaves, fuertes, zumbidos, soplidos, como bramidos, como campanitas, silbidos o chisporroteos. El tinitos es muy común y puede durar solamente unos minutos. Sin embargo, el tinitos constante o frecuente es estresante y puede interferir con la concentración o el conciliar el sueño.

El tinitos puede ser un síntoma de problemas en los oídos, incluyendo infección, exceso de cerumen o lesión por ruidos muy fuertes. El alcohol, cafeína, antibióticos, aspirina u otros medicamentos pueden también causar ruidos en los oídos. Ocasionalmente, esto es síntoma de alta presión arterial, alergias o anemia.

Como ministrar: (Todas las órdenes serán dadas en el nombre de Jesús)
1. Diríjalos en oración de arrepentimiento por las maldiciones generacionales.
2. Maldiga la raíz y ordene que se vaya.
3. Ordene que el flujo de la sangre regrese a su estado normal.

TORCEDURA (O LESIÓN)

Durante una actividad física, un dolor inesperado e hinchazón alrededor de una coyuntura o músculo puede ocurrir cuando hay lesión. La lesión puede una torcedura.

Las torceduras ocurren cuando los ligamentos se estiran más de su límite máximo y ocasiona un desgarramiento. Los ligamentos son bandas de fuertes tejidos fibrosos que conectan a los huesos entre sí y estabilizan las coyunturas. Las partes más comunes para una torcedura son los tobillos, muñecas y rodillas. A la lastimadura se le conoce comúnmente como "músculo estirado". La lesión en el tendón de la corva y la espalda es ejemplo de una torcedura común.

Puesto que los síntomas de fractura, lesión o torcedura pueden ser similares, rayos X son usualmente necesarios para determinar la extensión y especificar el tipo de lesión.

Como ministrar: (Todas las órdenes serán dadas en el nombre de Jesús)
1. Ordene que los tendones, músculos y ligamentos se fortalezcan.
2. Ordene el alineamiento de piernas y brazos.
3. Ordene que el dolor y la inflamación se vaya.

TOS FERINA (Véase Resfriado).

TROMBOSIS VENOSA PROFUNDA

El término "trombosis venosa profunda" describe un coágulo sanguíneo (trombo) que se ha desarrollado en una vena grande localizada en la parte inferior de la pierna o el muslo. El coágulo interfiere con la circulación del área, causando inflamación, dolor y daño a los tejidos adyacentes. Puede viajar a través de la corriente sanguínea hasta alojarse en el cerebro, pulmón, corazón u otras áreas, causando severas complicaciones tales como embolia o ataque al corazón.

Tromboflebitis es otro término usado en esta categoría, aunque esto también puede ocurrir en las venas más pequeñas. Tromboflebitis significa una irritación o inflamación dentro de la vena causada por un trombo (coágulo sanguíneo).

TUMOR (Véase también Cáncer)

El tumor es una masa grande de tejido anómalo. Los tumores se clasifican en benignos (crecen lentamente y no son dañinos) o malignos (crecen rápidamente, pueden propagarse por todo el cuerpo y ser una amenaza para la vida). Los tumores malignos son conocidos como cáncer.

El sistema inmunológico no reconoce o no puede reconocer los factores precipitantes que pueden incluir el uso de tabaco, obesidad, estilo de vida sedentario, consumo excesivo de alcohol, radiaciones, anormalidades genéticas, exponerse demasiado a la luz del sol, benceno y una cantidad de químicos y toxinas.

Como ministrar: (Todas las órdenes serán dadas en el nombre de Jesús)
1. Maldiga la raíz del tumor y ordene que se disuelva.

2. Diríjalos en oración de arrepentimiento por amargura y falta perdón, si fuere necesario.
3. Ordene que las frecuencias eléctricas y magnéticas funcionen en armonía y balance.
4. Maldiga los priones y ordene que sean descartados.
5. Ordene que el sistema inmunológico funcione normalmente.
6. Diríjalos en oración de arrepentimiento por el estilo de vida y dieta inadecuada, si fuere necesario.

ÚLCERA

Una úlcera es una abertura en la superficie del cuerpo. Ésta puede aparecer en la piel o en membranas mucosas adentro o afuera del cuerpo. Ellas pueden ser causadas por inflamación, infección (úlcera estomacal) o condiciones malignas (tumores); el exceso de estrés, mala dieta, vida sedentaria (moretones causados por la presión al cuerpo), efectos secundarios del medicamento (úlcera péptica), abuso de alcohol o droga (úlcera en el esófago), fumar y demás. Muchas otras enfermedades aceleran la formación de la úlcera y hacen que la sanidad sea más difícil como la enfermedad de Crohn, herpes, diabetes o problemas de circulación (enfermedad periférica vascular).

Como ministrar: (Todas las órdenes serán dadas en el nombre de Jesús)
1. Ordene que todos los tejidos en las áreas afectadas sean sanados.
2. Ordene que el proceso de las enfermedades subyacentes cese y que todos los sistemas del cuerpo funcionen normalmente.
3. Diríjalos en oración para colocar toda preocupación, estrés y ansiedad en el altar de Dios
4. Diríjalos en oración de arrepentimiento por el estilo de vida y dieta inadecuada, si fuere necesario.

ÚLTIMA ETAPA DE LA ENFERMEDAD RENAL

(VÉASE TAMBIÉN FALLA DE LOS RIÑONES).

VEJIGUILLAS

Las vejiguillas [conocidas también como ampollas febriles] son úlceras amarillentas que se encuentran en la boca o alrededor de los labios no son contagiosas y pueden parecer como pálidas o con círculo rojo exterior. La causa de ulceras amarillas no es enteramente clara, pero puede estar relacionada con un virus, o una debilidad temporal del sistema inmunológico (por ejemplo, gripe o resfriado), cambios hormonales, irritación mecánica, estrés o bajos niveles de vitamina B-12.

Por razones desconocidas, las mujeres parecen tener vejiguillas más a menudo que los hombres. Esto puede estar relacionado con los cambios hormonales. Las llagas bucales pueden ser una señal de una enfermedad subyacente, un tumor, una reacción alérgica o efectos secundarios a algún medicamento.

Como ministrar: (Todas las órdenes serán dadas en el nombre de Jesús)
1. Reprenda cualquier infección o virus y maldiga la raíz de la enfermedad.
2. Ordene al sistema inmunológico que se fortalezca y funcione apropiadamente.
3. Ordene frecuencias eléctricas y magnéticas para que venga la armonía y el balance.
4. Ordene que todo el dolor y molestias desaparezcan.
5. Ordene que todos los tejidos afectados sanen y funcionen normalmente.

VENAS VARICOSAS

Las venas varicosas son venas superficiales, grandes, torcidas y dolorosas. Normalmente, las válvulas dentro de las venas mantienen la sangre moviéndose hacia el corazón. Con las venas varicosas, las válvulas no funcionan adecuadamente, el flujo de sangre se detiene y la acumulación anormal de sangre hace que la vena se agrande

Las causas más frecuentemente identificadas incluyen defectos congénitos en las válvulas, tromboflebitis y embarazo. El estar de pie prolongadamente y el aumento de presión al abdomen (obesidad o tumores) pueden incrementar el desarrollo de venas varicosas o agravar esta condición.

Como ministrar: (Todas las órdenes serán dadas en el nombre de Jesús)
1. Diríjalos en oración de arrepentimiento por las maldiciones generacionales.

2. Ordene que todas las válvulas sean sanadas.
3. Ordene que todas las venas inflamadas regresen a su estado normal.

VERRUGAS

Las verrugas son pequeños bultos de la piel causados por un virus. Generalmente no son dañinas; no obstante, pueden desfigurar y ser embarazosas. Las verrugas más comunes aparecen en las manos. Las verrugas planas usualmente se encuentran en la cara o en la frente. Las verrugas genitales se encuentran en el pubis o alrededor de los genitales y en el área entre los muslos. Las verrugas plantares se desarrollan en la planta de los pies, con dolor o comezón (particularmente en los pies). Las verrugas subungales y periunguales aparecen debajo y alrededor de las uñas tanto de las manos como de los pies.

En su mayoría, las verrugas no causan incomodidad a menos que estén en áreas que reciben repetida fricción o presión. Las verrugas plantares pueden llegar a ser extremamente dolorosas y pueden causar problemas al caminar y al correr.

Como ministrar: (Todas las órdenes serán dadas en el nombre de Jesús)
1. Maldiga la raíz de la causa y ordene que la verruga se seque y se desprenda.
2. Diríjalos en oración de arrepentimiento, si fuere necesario.

VÉRTIGO (Véase también Enfermedad de Ménière)

El vértigo es descrito como el sentirse sin equilibrio, ligeros mareos, debilidad, pérdida de balance o sentir que la habitación da vueltas o se mueve.

Usualmente, el mareo no es serio y puede ser resuelto o tratado fácil y rápidamente. Sin embargo, el mareo puede progresar a vértigo, el cual puede ser seriamente debilitante hasta que los síntomas desaparecen

Las causas más comunes de vértigo se dan cuando hay un repentino cambio o movimiento de la cabeza; el laberintitis (inflamación del oído interno), infección viral del oído interno o la enfermedad de Ménière. El vértigo puede también provocar zumbidos en el oído acompañados por muchas nauseas, vómito, dolores de cabeza y migrañas.

Como ministrar: (Todas las órdenes serán dadas en el nombre de Jesús)
1. Diríjalos en oración de arrepentimiento por las maldiciones generacionales
2. Ordene que el líquido de los oídos regrese a su normalidad.
3. Ordene que cualquier infección se vaya, que el vértigo también se vaya y que el balance vuelva a su normalidad.

VIRUS DEL OESTE DEL NILO

Transmitido por mosquitos, el virus del oeste del Nilo causa una enfermedad que puede ir de leve a grave con síntomas similares a los de la gripe. Las formas severas de esta enfermedad pueden ser amenazantes para la vida.

El organismo del virus del oeste del Nilo es similar a muchos otros virus provocados por los piquetes de mosquitos, los cuales se propagan cuando un mosquito pica a un ave infectada y luego pica a una persona.

Aunque muchas personas son picadas por mosquitos que portan el virus del oeste del Nilo, solamente unas pocas desarrollar o notan algún síntoma.

Como ministrar: (Todas las órdenes serán dadas en el nombre de Jesús)
1. Maldiga la raíz de la enfermedad y ordene que se vaya.
2. Ordene que los priones sean descartados
3. Ore por nueva sangre y órganos, si fuere necesario.

ZUMBIDO EN LOS OÍDOS (Véase Tinitos).

Índice

Por favor observe: Este índice es para ayudarle a encontrar las condiciones específicas mencionadas en el Capítulo 13. Las palabras mayúsculas son los encabezados de cada condición en el Capítulo 13. Las palabras en minúsculas son subtítulos de la condición.

Índice

Otras oraciones

Acerca de la autora

Resulta difícil describir a Joan Hunter en una sola palabra. ¿Cómo podría usted tomar todas las señales y prodigios que ocurren en sus servicios y colocarlos en papel? No se puede...

Joan Hunter ha estado envuelta en la ministración de sanidad por más de treinta años. Junto a sus padres, Charles y Frances Hunter, ella ha ministrado a miles de personas en el área de sanidad física. Ella ha viajado por todo el mundo imponiendo manos sobre los enfermos y viéndolos recuperarse.

Ella está casada con Kelley Murrell y vive en Kingwood, Texas. Tiene cuatro hijas mayores, cuatro hijastros y una abuela. Por dieciocho años copastoreó una iglesia en Dallas hasta el año 1999. Esto le da a ella una amplia experiencia en el ministerio".

Dios ha sanado a Joan en cada área de su vida. Ella insta a los demás a imponer manos en los enfermos y verlos recuperarse. El poder sanador de Dios no está reservado solamente para unos pocos...sino para todos los que creen. Joan le insta a usted a no darse por vencido en sus sueños y visiones, y, a cumplir el destino que Dios tiene para usted.

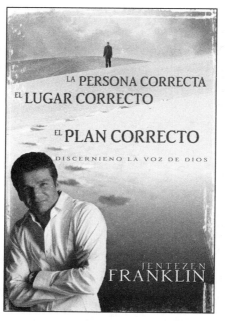

La Persona Correcta, el Lugar Correcto,
el Plan Correcto:
Discerniendo la voz de Dios
Jentezen Franklin

¿Qué haré con mi vida? ¿Tomó este empleo?
¿Debo invertir dinero en esta oportunidad? ¿Con quién me casaré?
¿Qué tiene que decir Dios de todo esto?

Dios le ha otorgado un don increíble al corazón de cada creyente.
Él le ha dado a usted una brújula interna para ayudarle a guiar su
vida, su familia, sus hijos, sus finanzas y mucho más. Jentezen Franklin
revela cómo, por medio del Espíritu Santo, penetrar en el corazón y
la mente del Altísimo.

ISBN: 978-0-88368-798-7 • Rústica • 208 páginas

WHITAKER
HOUSE

www.whitakerhouse.com